税收法治建设研究
国家治理现代化视域下

Guojia Zhili Xiandaihua Shiyuxia
Shuishou Fazhi Jianshe Yanjiu

胡芳 著

中国财经出版传媒集团
中国财政经济出版社

图书在版编目（CIP）数据

国家治理现代化视域下税收法治建设研究／胡芳著.
——北京：中国财政经济出版社，2022.5
ISBN 978-7-5223-1257-6

Ⅰ.①国… Ⅱ.①胡… Ⅲ.①税法－研究－中国 Ⅳ.①D922.220.4

中国版本图书馆 CIP 数据核字（2022）第 042297 号

责任编辑：彭　波　　　　责任印制：史大鹏
封面设计：孙俪铭　　　　责任校对：徐艳丽

中国财政经济出版社 出版

URL：http：//www.cfeph.cn
E-mail：cfeph@cfeph.cn

（版权所有　翻印必究）

社址：北京市海淀区阜成路甲 28 号　邮政编码：100142
营销中心电话：010-88191522
天猫网店：中国财政经济出版社旗舰店
网址：https：//zgczjjcbs.tmall.com
北京财经印刷厂印刷　各地新华书店经销
成品尺寸：170mm×240mm　16 开　11.75 印张　184 000 字
2022 年 5 月第 1 版　2022 年 5 月北京第 1 次印刷
定价：68.00 元
ISBN 978-7-5223-1257-6
（图书出现印装问题，本社负责调换，电话：010-88190548）
本社质量投诉电话：010-88190744
打击盗版举报热线：010-88191661　QQ：2242791300

前　　言

　　法治是经济发展的首要制度环境，没有良好的法律保障，经济就不可能稳定发展。基于此，党的十八大报告指出："要全面推进依法治国，法治是治国理政的基本方式。"在当前全球秩序重构及全球治理大变革时代，需要立足我国的实际条件，坚持中国特色社会主义法治发展道路，稳步地推进法治改革与建设。

　　在推进国家治理现代化的过程中，必须着重将国家治理基础和重要支柱的财政及其体制纳入法治建设范畴。税收体系是财税体系的重要分支，因此，税收法治建设是国家采取依法治国方式、达到建设社会主义法治国家目标，并最终实现国家治理现代化的一个重要环节和突破口。而如何在国家治理现代化的框架下，发展税收法治、推动国家治理现代化的实现，是当前和今后学界及实践部门要共同面对的一个重要课题。

　　本书在已有相关研究的基础上，从经济学、法学、管理学等多个视角，运用调查问卷获取微观数据的实证分析方法，探讨国家治理现代化背景下税收法治建设的发展与完善。本书首先分析税收法治建设的理论基础，剖析国家治理现代化对税收法治建设的内在与外在要求，阐明国家治理现代化的最终目标是推进人的全面发展，税收法治建设的发展与完善也应围绕这一目标进行；其次通过社会调查获取第一手数据的方式，对我国税收法治建设进行评估；再次进一步建立 Ordered Probit 计量模型，分析纳税人权利保护程度对我国税收法治的影响效应，指出我国税收法治建设中存在的问题；最后提出在税收法治建设中侧重纳税人权利保护的对策建议，以实现国家治理现代化的目标。本书主要研究内容和结果如下。

(1) 税收法治建设的理论基础。本部分首先明确了税收法治的内涵与构成体系，指出税收法治是使用民主决定的税收良法，在税收立法、税收执法、税收司法整个过程中限制国家权力，维护纳税人权利，并在全社会形成纳税人权利本位的税收法治观念；认为税收法治的构成体系分为形式构成体系与实质构成体系两类。其次从经济学、法学等学科视角探讨了支持税收法治建设的理论基础，对税收法定主义、税法公平理论、税法效率理论和纳税人权利保护理论进行了归纳和阐述。并进一步指出税收立法、执法、司法及税收法律文化的建设和发展应以税收法定主义为指导，需要贯彻税法公平、税法效率思想，且以纳税人权利保护为核心价值。

(2) 国家治理现代化对税收法治的要求。本部分主要研究国家治理现代化对我国税收法治建设的内在和外在要求。首先，探讨了国家治理现代化的概念、内涵及特征，进一步明确了我国实现国家治理现代化的路径。其次，揭示国家治理现代化对税收法治建设的内在要求，即要求税收法治建设适应现代生产力的需要，保护纳税人权利并最终促进人的全面发展。最后，阐明国家治理现代化对税收法治建设的外在要求，即树立税收法治权威，发挥纳税人的能动性和创造性以体现民主精神，征税机关转变职能及利用现代信息技术推进税收法治建设。

(3) 我国税收法治建设状况及指数化评估。本部分主要通过所搜集到的部分法律统计数据来管窥我国税收法治建设概况，借鉴国内外典型法治指数的研究对我国税收法治指数进行测算，以定量数值来衡量我国税收法治发展的程度和状态。首先，采用与税收法治相关的部分法律统计数据来管窥我国税收法治建设概况。其次，介绍国内外法治指数的产生与发展，并分析了我国法治指数发展的概况及特征。再次，介绍了国内外典型的法治指数测算，包括 WJP 法治指数、香港法治指数和余杭法治指数。最后，选择性吸收借鉴 WJP 法治指数、香港法治指数和余杭法治指数测算过程的可取之处，通过社会调查获取内、外部评审组及普通公众调查问卷的第一手数据，对我国税收法治进行评估，并最终测算出我国当前的税收法治指数为 67.73 分，说明我国税收法治建设仍有较大提升空间。

（4）纳税人权利保护程度对税收法治的效应分析。本部分从纳税人的主观角度出发，利用微观调查数据，建立 Ordered Probit 计量模型，实证分析纳税人宪法性权利保护程度、实体性权利保护程度和程序性权利保护程度分别对纳税人税收立法感知度、税收执法感知度、税收司法感知度和税收法律文化感知度的影响。研究发现，纳税人宪法性权利保护程度、实体性权利保护程度和程序性权利保护程度对纳税人的税收立法、执法、司法和税收法律文化感知度均具有显著的正向影响，即对纳税人权利保护程度越高，纳税人的整体税收法治感知度也越良好。在三类纳税人权利中，提高纳税人程序性权利保护程度对税收法治感知良好的影响最大，其次是纳税人宪法性权利保护程度，最后是纳税人实体性权利保护程度。纳税人的税收法治观感在很大程度上可以反映我国税收法治建设的程度，提高纳税人权利保护程度，有助于促进我国税收法治建设的完善。

（5）我国税收法治建设存在的问题。本部分主要从纳税人权利保护视角，以实证分析的结果为依据，依次分析我国税收立法、税收法律文化、税收执法和税收司法中存在的纳税人权利保护有待完善的问题。税收立法中存在税收立法的民主性有待提高，有关税收法律法规对纳税人权利保护力度有待提升和我国税收法律规定的操作性有待加强等问题；税收法律文化中存在纳税人义务文化依旧盛行，政府税款支出不够透明且缺乏有效监督和纳税人依法纳税意识仍显淡薄等问题；税收执法中存在偏离税收法定原则、税务部门自由裁量权较大、税收执法的内部约束不够、外部监督有待加强以及部分税务执法人员素质不高且呈老龄化趋势等问题；税收司法中存在税收行政诉讼案件少、撤诉率高，税务机关与纳税人在诉讼中的地位不平等，纳税人整体利益难以寻求救济和专业税收审判人员欠缺等问题。

(6) 国家治理现代化视域下完善我国税收法治建设的政策建议。本部分主要从税收立法、税收法律文化、税收执法和税收司法四个方面提出我国税收法治建设完善的建议。税收立法方面，通过加大税收立法公开度、提高公众参与度、停止税收法律授权、科学立法、清理规范性文件等来体现契约精神，完善并修订相关税收法律法规，增强税收法律规定的可操作性。税收法律文化方面，提倡纳税人权利文化，提高税收透明度，增强纳税人依法纳税意识。税收执法方面，应有法必依、执法必严，规范税务机关的自由裁量权，严格执法程序；要强化税收执法的体制内约束，加强税收执法的社会监督，提升税收执法人员素质，优化年龄结构。税收司法方面，应逐步实现司法独立，加强舆论监督，探索建立纳税人公益诉讼制度，并加强专业税务审判人员的培养。

本书的创新之处和特色主要体现在：(1) 以国家治理现代化对我国税收法治建设的要求为切入点进行研究，研究视角具有一定的创新性。(2) 主要采用《中国税务稽查年鉴》《中国统计年鉴》和北大法宝中的与税收法治相关的法律统计数据分析我国税收法治建设概况，并选择性吸收借鉴国内外典型法治指数的研究成果，运用调查问卷的实证分析方法，对我国税收法治指数进行测算，以得出定量数值的方式来衡量我国税收法治发展的状态和程度，具有一定的开拓性。(3) 从纳税人的主观角度出发，利用微观调查数据，通过建立 Ordered Probit 计量模型，分析纳税人权利保护程度对我国税收法治的影响效应，运用边际效应分析进一步得出纳税人宪法性权利、实体性权利和程序性权利保护程度分别对税收立法、执法、司法和税收法律文化感知度影响的边际系数。

本书得以顺利出版，衷心感谢江西财经大学财税与公共管理学院的出版资助和席卫群教授的支持，也感谢中国财政经济出版社段钢编辑的辛勤付出。由于笔者水平有限，书中难免有疏漏和不足，恳请同行和读者予以批评指正。

胡 芳

2021 年 7 月

目　录

第一章　导论 …………………………………………………………… 1
　　第一节　选题背景与意义 ……………………………………………… 1
　　第二节　文献综述 ……………………………………………………… 4
　　第三节　研究内容与思路 …………………………………………… 24
　　第四节　研究方法 …………………………………………………… 27
　　第五节　主要创新与不足 …………………………………………… 28

第二章　税收法治建设的理论基础 ………………………………… 30
　　第一节　税收法治的内涵与体系构成 ……………………………… 30
　　第二节　税收法定主义理论 ………………………………………… 34
　　第三节　税法公平理论 ……………………………………………… 38
　　第四节　税法效率理论 ……………………………………………… 42
　　第五节　纳税人权利保护理论 ……………………………………… 45

第三章　国家治理现代化对税收法治的要求 ……………………… 51
　　第一节　国家治理现代化的概念与特征 …………………………… 51
　　第二节　国家治理现代化对税收法治建设的内在要求 …………… 58
　　第三节　国家治理现代化对税收法治建设的外在要求 …………… 60

第四章　我国税收法治建设状况及指数化评估 ………… 65
- 第一节　我国税收法治建设概况 ……………………………… 65
- 第二节　法治指数概述 ………………………………………… 76
- 第三节　国内外典型法治指数的测算 ………………………… 81
- 第四节　我国税收法治指数的构建与测算 …………………… 89
- 第五节　结论 …………………………………………………… 104

第五章　纳税人权利保护程度对税收法治的效应分析 ……… 105
- 第一节　数据与计量模型 ……………………………………… 105
- 第二节　实证结果与分析 ……………………………………… 108
- 第三节　结论 …………………………………………………… 119

第六章　国家治理现代化视域下我国税收法治建设存在的问题 … 121
- 第一节　税收立法：纳税人权利保护有待提升 ……………… 121
- 第二节　税收法律文化：纳税人义务文化盛行 ……………… 127
- 第三节　税收执法：税务机关内、外部约束有待加强 ……… 130
- 第四节　税收司法：司法机关独立性、公平性有待提高 …… 133

第七章　国家治理现代化视域下完善我国税收法治建设的政策建议 … 136
- 第一节　税收立法：民主、科学 ……………………………… 136
- 第二节　税收法律文化：纳税人权利本位 …………………… 142
- 第三节　税收执法：严格、规范 ……………………………… 145
- 第四节　税收司法：独立、公正 ……………………………… 148

总结与展望 ……………………………………………………… 151

附录1 …………………………………………………………… 153

附录2 …………………………………………………………… 156

参考文献 ………………………………………………………… 160

后记 ……………………………………………………………… 177

第一章
导 论

第一节 选题背景与意义

一、选题背景

（一）依法治国是实现国家治理现代化的途径

改革开放40多年来，中国经济取得了很大成就。与此同时，我们又处在一个社会转型期，经济发展呈现出新常态，从高速增长转为中高速增长，意味着我国将发展到中等收入阶段，即面临"中等收入陷阱"的挑战。根据世界各国经验，法治是它们跨越"中等收入陷阱"、实现经济和现代化腾飞的有力保障，也是唯一的路径选择。法治是经济发展的首要制度环境，没有良好的法律保障，经济就不可能稳定发展。[①] 基于此，党的十八大报告中指出："要全面推进依法治国，法治是治国理政的基本方式。" 2013年11月，习近平总书记在党的十八届三中全会首次提出："全面深化改革的总目标是完善和发展中国特色社会主义制度，推进国家治理体系和治理能力现代化。必须更加注重改革的系统性、整体性、协同性。" 2017年10月，习近平总书记在中国共产党第十九次全国代表大会上指出："依法治国是党领导人民治

[①] 吴欢：《经济新常态条件下法治中国建设的时代议题——"经济新常态与中国法治发展"智库圆桌会议综述》，《法学》2016年第6期，第155页。

理国家的基本方式"。国家治理现代化是要使国家治理这一上层建筑适应现代生产力的需要,即适应社会主义市场经济的发展,适应社会主义民主的进步和社会主义法治的要求。①

国家治理现代化的任务之一是控制或降低国家治理成本。国家治理成本包括系统成本、运行成本及维护成本。一个国家的系统成本和维护成本往往相对稳定,而运行成本则通常是变化的。实践经验告诉我们,一个国家,如果公权力的公信力比较高,或者法治水平比较高,政府严格护法守法,民众自觉遵纪守法,那么国家的运行成本相对就会低,相反则会高。因此,一个国家的法治水平在很大程度上决定着国家的治理成本。② 依法而治可以降低国家治理成本,就这个角度而言,我国也应提升国家治理的法治化水平,促进国家治理现代化的实现。

(二) 税收法治是依法治国的重要环节

中国共产党第十八届中央委员会第三次全体会议于 2013 年 11 月 12 日通过的《中共中央关于全面深化改革若干重大问题的决定》提出:"财政是国家治理的基础和重要支柱,科学的财税体制是优化资源配置、维护市场统一、促进社会公平、实现国家长治久安的制度保障。"这阐明了财税体制与国家治理的关系。2014 年 10 月 23 日,在中国共产党第十八届中央委员会第四次全体会议上通过的《中共中央关于全面推进依法治国若干重大问题的决定》指出:"全面推进依法治国,总目标是建设中国特色社会主义法治体系,建设社会主义法治国家。"依法治国是实现国家治理体系和治理能力现代化的必然要求,明确了依法治国与国家治理现代化的关系。综合以上重要文件的阐述,在推进国家治理现代化的过程中,必须着重将国家治理基础和重要支柱的财政及其体制纳入法治建设范畴。税收体系是财税体系的重要分支,因此,税收法治建设是国家采取依法治国方式、达到建设社会主义法治国家目标,并最终实现国家治理现代化的一个重要环节和突破口。税收法治、依法治国、国家治理现代化之间的关系具体如图 1-1 所示。

---

① 阮博:《国家治理现代化研究综述》,《社会主义研究》2015 年第 4 期,第 150 页。
② 燕继荣:《中国的国家治理现代化:理论构建与实践创新方向》,《前沿理论》2017 年第 3 期,第 38 页。

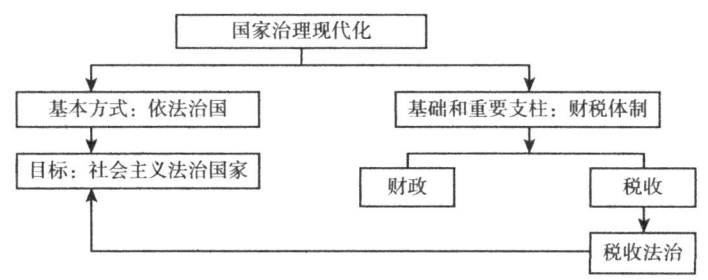

图1-1 税收法治、依法治国、国家治理现代化的关系

(三) 当前税收法治面临着挑战

随着社会经济的发展以及不可避免的全球化趋势,法治、民主理念日渐深入人心。顺应时代要求而提出的国家治理现代化对社会各方面事务都做出了改革发展要求。税收法治作为实现国家治理现代化的一个重要环节和突破口,对其进行改革和加以完善的任务也越加紧迫。

自改革开放以来,虽然我国在税收立法、执法、司法等方面进行了有益探索,税收法治体系不断健全,法治保障持续加强,执法行为逐步规范,法治成为税收治理的基本方式,为实现税收法治奠定了良好的制度和实践基础,但是税收法治的实现并非易事,推进税收法治依然面临诸多问题,需要进行深入的理论研究与探讨。[①] 2018年6月,演艺圈通过"阴阳合同"来逃避缴纳巨额个人所得税被曝光,揭开了明星逃税的冰山一角。除了明星借"阴阳合同"逃税之外,其他纳税人利用种种隐蔽手段进行逃税的现象也大量存在,如发票违法、编造虚假计税依据等。以上现象反映了我国纳税人依法纳税意识不强外,也暴露了税务机关管理和稽查上存在漏洞。这也从侧面说明我国税收法治建设存在薄弱之处。因此,我们应该正确认识国家治理现代化对税收法治建设的内在要求,明确税收法治发展的方向,定位我国税收法治发展的现状和程度,分析存在的问题,并提出有针对性的对策建议。

---

① 窦清红:《"完善税制与推进税收法治"学术研讨会暨2014年度"邓子基财税学术论文奖"颁奖在南昌举行》,《税务研究》2015年第6期,第126~127页。

二、选题的意义

理论意义。(1)基于国家治理现代化的视角研究税收法治建设,开拓了一个新的理解视角,完善了税收法治的研究理论。(2)综合运用经济学、法学、管理学等多学科理论知识,采用实证分析方法分析当前我国税收法治建设的状况及影响因素,在研究方法和研究结论上具有一定的开创性。

实践意义。党的十九大报告指出:"人民美好生活需要日益广泛,不仅对物质文化生活提出了更高要求,而且在民主、法治、公平、正义、安全、环境等方面的要求日益增长","全面依法治国是中国特色社会主义的本质要求和重要保障,是国家治理的一场深刻革命,必须坚持厉行法治,推进科学立法、严格执法、公正司法、全民守法"。对税收法治建设的研究,有利于推进我国税收立法、执法、司法的与时俱进,促进我国税收法治的进步。税收法治的发展又将助力我国完成依法治国的任务,成为建设社会主义法治国家、实现国家治理现代化的一个突破口。

第二节 文献综述

一、税收法治理论研究

中国税收治理指导思想应在系统化的基础上理顺税收经济论、税收职能论、税收法治论、税收服务论和"互联网+"思想之间的关系,以期更精准地发挥税收治理指导思想的指导、统领、鉴别和总结等功能。[①] 国内外学者对于其中的税收法治理论的研究成果较为丰富,主要包括税收法定主义、税收公平原则、税收效率原则和纳税人权利保护理论四个方面。

---

① 吴西峰:《中国税收治理指导思想论要》,《税务研究》2018年第2期,第97页。

(一) 税收法定主义

詹姆斯·斯图亚特（1767）在其所著的《政治经济学原理研究》一书中归纳出了税收法定原则，赋税课征须经立法机关的同意或法律程序的认可。戴雪（1885）同样认为，所有民间纳税必须符合立法原意。金子宏（1989）则进一步以"税收债权债务关系论"为主线，对一般和具体的课税要素进行了论述，认为税法的基本原则可概况为"税收法定主义"和"税收公平主义"两项。国内学者对我国要实现并落实税收法定主义基本达成了共识。熊英（2001）、汪康（2008）针对我国现行税收立法中存在的问题，认为应强化税收法定主义原则，完善以税收基本法为核心、以税收法律为主要存在形式的税收法律体系，为实现依法治税提供法律基础。陈志勇、姚林（2007）则以税收法定主义的历史渊源为视角，分析我国课税权法治化建设中存在的问题及产生原因，提出贯彻税收法定原则、规范授权立法行为、建立违宪审查制度等加强我国课税权法治化的建议。杨斌（2010）从税收治理的角度，认为税收治理现代化不能简单地归结为税制模式与国际接轨或管理工具的电子化、信息化。税收治理现代化在于税收治理在精神实质上具有现代性，即非经代表同意不得形成和实施课税机制、普遍公平征税。施正文（2015）对税收法定原则的内涵进行了法律解析，认为需要加快税收立法和税收法律体系的构架，以全面推进依法治税。刘剑文（2014）指出，"理财治国"和"公共财产论"两大基础理论是对财税法治定位和使命的准确表述，未来财税法治建设的任务在于落实税收法定原则、依法理财及加强公共财政监督以推进反腐倡廉。他进而分10个专题分别阐述30年来中国财税法学研究的回顾与前瞻，论述财税法治的思维基点、价值定位、财政立法、财政法改革、税收法律关系、税法原则、中国税收立法等问题，认为正确认识税收的本质、确立税收法定主义，贯彻纳税人与国家（政府）、征税机关之间具有平等性的思想，将推进我国税收法治的进步。他认为现实中税收法定原则没有得到足够重视，呈现出税收法律供给不足、操作性不强、执行不严等问题，并认为税收法定原则的落实路径应分三步走：一是加快税收法律化进程；二是提高立法质量，推动税收法定原则入宪；三是把税收立法、执法、司法、守法的整个过程纳入法治框架。落实税收法定原则的本质要求是提高税法级次，立法授权回归，重要的价值取向是构建科学完备的税收法律体系，路径选择为正确处理税收立法与税制改革的关系（李万甫，2014）。张守文（2015）从法律视角审视我国改革开放以来的税制变迁所涉及的各类核心问题，认为2014年以来的新一轮税制改革应继承既往经验，正视现实问题，落实税收法定原则，不断完善税制的价值、结构和功能。郝琳琳（2018）认为，财税法在以整体观来解释和化解社会主要矛盾时发挥了必不可少的作用，建议从落实税收法定原则和布局财税制度改革两方面着手完善财税法律制度。

（二）税收公平理论

国内外学者较多居于经济学视角对税收公平予以论述，并达成了一定共识，而从法治视角对税收公平进行论述和加以适用的则不多。

西方学术界关于税收公平的系统思考起源于重商主义及其后的新兴资产阶级理论，并逐渐形成了利益说、能力说和牺牲说三大理论体系。早期西方思想家托马斯·霍布斯、亚当·斯密等积极倡导的税收公平观是税收利益说。谢夫勒是较早系统研究累进税制与税收能力之间关系的西方财政学者之一。他认为，纳税能力可以用三个主要标准来衡量：一是拥有财产的数量；二是获得收入的能力；三是消费支出的数量。约翰·穆勒是牺牲说的创始人，主张用"所有人的最小牺牲"标准来分配税收负担，实现税收公平。税收牺牲理论所要追求的税收公平目标是，政府征税应当使所有纳税人在财产、收入、消费方面遭受损失或牺牲的痛苦大致相同或完全相同。[①]

金子宏（1989）从税收角度定义税收公平，认为"税收公平"或"税收平等"指的是在国民之间公平分配税收负担，在各种税收法律关系中，国民的地位是平等的。在他看来，首先，税收公平要求对情况相同的纳税人课予同等税收，对情况不同者分别课予不同税收；其次，税收负担须根据纳税人的负担能力分配，可从所得、财产和消费三个方面来衡量一个人的税负能

---

① 许建国：《税收公平问题的理论渊源与现实思考》，《税务研究》2017年第5期，第12~15页。

力,其中,所得和财产作为税负能力的尺度更为合适,也符合社会财富再分配的要求。① 国内学者在税收领域关于税收公平原则的认识并未超出金子宏的认识。税收公平原则指的是纳税人承担的税收负担与其承受能力相适应,并使纳税人之间的负担水平保持平衡(吴军亮,2011)。公平正义是税收法治的核心原则,税收法治应通过立体式、多层面的途径实现(牛军栋,2011)。税收公平原则是税收领域和税法领域共同适用的基本原则。税收公平原则从税收领域引入税法领域,并在税法领域得到发展,形成税法公平原则(李刚,2008)。税法公平原则是"法律面前人人平等"的法学思想在税法中的体现和发展(王超,2007)。要使我国税法真正体现分配正义、分配公平,税法的改革应以量能负担为指导原则,体现量能负担原则的税法具体制度建设也将进入改革视野(许多奇,2013)。

(三) 税收效率理论

与税收公平理论类似,国内外学者较多居于经济学视角对税收效率予以论述,并达成了一定共识,而从法治视角对税收效率进行论述和加以适用的则不多。

哈耶克在《自由宪章》中所做的分析遵循了税制的效率原则,即税收设计的中性原则,指税收制度一方面应使得税收对经济主体活动的扰动或扭曲影响达到最低程度;另一方面是指国家征税除了使纳税人损失或牺牲税金以外,不再导致其他经济损失,不产生其他额外负担②。税收效率原则要求以最低的成本获得最大的税收,并利用税收的经济调节功能在最大程度上促进经济的发展,或者在最大程度上减少税收对经济发展的阻碍,它包含税收行政效率和税收经济效率两方面内容。早在亚当·斯密时期,税收行政效率就受到了研究者的高度重视,亚当·斯密的最低收费和便利原则,以及后来瓦格纳的税收管理原则都着眼于此。税收的经济效率是通过优化税收制度使税收对经济的不利影响最小化或使得税收最大化地促进经济健康发展。刘剑文(2015)进一步对我国税法学者将税收效率原则直接定位为税法原则进行批

---

① (日)金子宏:《日本税法原理》,刘多田等译,中国财政经济出版社1989年版,第56页。
② 刘溶沧、杨刚:《财政学导论》,中国社会科学院研究生院内部教材1997年。

判,认为税法学关于效率原则的论证过程与税收学的研究惊人地保持一致,是简单地搬用经济学界关于税收原则的成果,而不是从法学角度出发,得出该原则对税收立法、执法和司法具有普遍指导意义的结论。他认为要将效率原则确立为税法基本原则,税法学就需要回答这样一个问题:效率原则在整个税法领域是如何运作的,如何具体地指导征税主体和纳税主体的行为。李刚(2008)认为,税收效率原则是税收和税法所共同适用的原则,包括两个方面:一是税收的行政效率,又称税收稽征经济原则,即以最少的征管成本获取最多的税收;二是税收的经济效率,即税收中性原则,指税收对社会资源配置和经济运行的影响状况,检验标准在于税收制度是否使税收的额外负担最小化和额外收益最大化。毛程连(2003)围绕政府制度运行、财政目标、财政支出、税收公平、税收效率等专题阐述各个财政学家的观点,追溯财政思想、税收法治发展的渊源。

(四) 纳税人权利保护理论

20世纪70年代,缘于对法治和人权的尊重,西方发达国家率先开展了对纳税人权利保护问题的研究。相对于西方发达国家,我国对纳税人权利保护问题的研究相对较晚。现阶段,国外学者大多探讨纳税人各类具体权利的保护问题或阐述本国纳税人权利保护的现状,力图使之完善。如史密斯和桑顿(Smith & Thornton, 1990)基于美国联邦所得税法的税收应基于交易的实质而不是形式的基本原则,探讨了纳税人何时适用实质重于形式的问题。史蒂文森(Stevenson, 1997)讨论了美国1996年《纳税人权利法案Ⅱ》的条文,包括税务律师事务所、分期付款协议、减息及罚款、夫妻合并申报、涉税信息收集、税务申报表、诉讼成本、信息披露和法院传票等内容。福格和约齐波维奇(Fogg & Jozipovic, 2016)研究了以维护纳税人权利为目的构建税收征管体系的可能性,讨论了美国税收制度的基本结构和未来美国纳税人权利保护的流程。巴特曼(Bartmann, 2016)则从法律的各个方面探讨了将纳税人权利保护融入税务机关日常管理工作的可能性,包括培训工作人员将纳税人权利保护纳入工作决策、美国国税局依据《纳税人权利法案》(TBOR)与私营部门合作使用税务软件和纳税申报单。泰利(Tiley, 1998)认为,应该重视人权法案,保护个人不受无理征税要求的影响。如税务局依据已经失效的法律规定向纳税人征收税款，之后法院裁定税务局的征税要求不合法，纳税人可援引人权法案来维护自身合法权益。布兰森（Branson，2004）试图确定个人纳税人在《国际税务信息交流示范协议》实施过程中的权利，研究这些权利的法律或其他基础，并思考实现这些权利的适当程序。迪普文斯和德贝尔瓦（Diepvens & Debelva，2015）进一步分析了国际信息交换的最新进展，研究了欧盟、经合组织和美国最近发布的有关文件，讨论了这些国际信息交换规则的应用及相互作用。他们指出过多的国际信息交换规则已使纳税人的权利受到侵蚀，人权所提供的对纳税人权利的保护则是一种平衡力量，但将人权应用于国际信息交换程序仍处于萌芽阶段。塞拉诺（Serrano，2007）通过分析比较英国、澳大利亚和意大利等国的税务监察员办公室，探讨了西班牙税务监察员在保护纳税人权利方面的作用。在西班牙，税务监察员保护的纳税人权利包括：获得退款的权利、得到偿还的权利、获知负责税务处理的机构和税务处理人员身份的权利。塞里姆（Serim，2008）着重论述了从奥斯曼帝国到土耳其共和国，纳税人权利概念的起源与发展。他研究了土耳其纳税人的权利状况，土耳其对纳税人权利的规定是多方面的，如纳税人享有税收立法的权利、纳税人权利主要体现在税收程序法上。为了达到与西方各国同样的纳税人权利阶段，土耳其从2005年颁布的《税收管理机构组织法》和《税收管理机构职责法》开始，在立法中加入了诸多纳税人权利保护措施。基廷（Keating，2009）认为，法律容许税务专员为履行合法职责而披露纳税人的信息资料，而对税务专员履行职责的行为未有法律上的限制，税务专员存在侵犯纳税人信息资料的风险。帕尔马（Palma，2010）概述了葡萄牙纳税人的权利保护状况，分析了该国纳税人权利的宪法和其他保障，比较了国际法对纳税人所提供的保护，进一步探讨了该国纳税人权利保护的有效性。贝瓦夸（Bevacqua，2013）认为，1997年颁布的《澳大利亚纳税人宪章》在直接保护和促进澳大利亚纳税人的权利方面的效果仍有限，呼吁重新制定一个独立管理和具有法律效力的宪章。

国内学者则多从理论上探寻纳税人权利保护的缘由及从应然角度主张对纳税人权利进行保护。周序中和彭艳芳（2010）认为，受传统税收文化、马克思主义国家理论和计划经济体制的影响，我国以往的税收立法价值取向具有以国家意志及利益为本位的特征，主张现代税法应坚持以人为本的价值理念，以促进税收立法的现代化和法治化。冯诗婷等（2017）从税收本质出发，探寻纳税人权利保护的理论根源及发展方向，探讨我国纳税人权利保护机制的合理路径。施宏（2014）介绍了我国纳税人权利的法治基础及其法治缺失的表现，建议我国应以修改《宪法》和制定《税收基本法》为出发点，着重在税款征收和使用、涉税救济等环节完善我国纳税人权利的法律保护。周莹（2015）进一步指出，当前我国税收法治建设的弊端在于过分强调国家税收权力，忽视纳税人权利。其建议在《宪法》中明确规定纳税人权利保障条款、明确规定税收立法权专属于立法机关、加强人民代表大会税收预算监督、完善税收司法保障等方面改进纳税人权利保护，以实现国家权力与公民权利之间的和谐互动。武靖国（2016）指出，要实现从任务治税向依法治税的转变，在于纳税人的权利得到应有的保障和税收基本逻辑的深刻转变。朱大旗等（2016）通过借鉴美国税收征管程序和税务纠纷解决机制中对纳税人权利的保护机制，对我国纳税人权利保护提出完善建议，如加强税务立法、建设服务型税务机关和完善税务纠纷解决机制。

二、以国家治理现代化视角研究税收法治

（一）有关现代化的论述

学者们从不同角度对现代化进行了较充分的研究。段治文等（2008）认为，现代化是传统社会向现代社会的多层面、同步、进步性的整体转变，它包含经济领域的工业化、政治领域的民主化、社会领域的城市化和文化领域的多元化等内容。他认为科学技术革命推动了工业的大发展，使得农业社会开始向工业社会转型，现代化的历史序幕就此拉开，并成为人类社会发展的共同趋势。罗荣渠（2004）认为，从广义的历史角度看，现代化是一个世界性的历史过程，指的是自工业革命以来人类社会所发生的巨大变革。工业化是这种变化的驱动力，工业主义渗透到经济、政治、文化和思想领域，引起广泛而深刻的社会变革，推动传统的农业社会向现代工业社会在全球范围的大转变。从更具体的历史角度看，现代化又不完全是一个自然的社会演变过

程,它是落后国家通过有计划地学习世界先进,采取高效率途径进行经济技术改造,为了跟上先进工业国家的发展进程,适应现代国际环境,进行了广泛的社会改革。郭根山(2005)从国家发展的角度来阐释现代化,认为现代化是一个国家适应社会化大生产的要求,立足于本国实际,运用科学技术,以发展经济为目标,进而带动社会全面进步的动态过程。他同时认为,现代化的先行者与后来者有着不同的现代化起步方式和推进方式。首先,先行者的现代化起步于工业革命和商业革命,而后有了经济的快速发展;而后来者的现代化运动多启动于民族解放运动和国家统一等政治革命,在政治革命完成之后,才实现经济革命。其次,先行者与后来者的现代化推进方式存在差异。欧美国家开始现代化时,资本主义生产关系已经有了很大程度的发展,形成了推动生产力发展的资产阶级,这些国家通过"自下而上"的方式顺其自然地实现了现代化;与此相反,后发国家因封建势力顽固,新兴阶级的产生和成长缓慢,当现代化启动之时,社会上尚未出现推进现代化的主体阶级,这些国家往往采取"自上而下"的方式推进现代化。在这种情况下,政府成为现代化进程的主要引导者和推动者。在英国工业化发展的过程中,政府基本上处于无为状态,企业家和企业也是处于一种自动自发状态。到德、日、美、法、俄等国开启工业化时,政府开始指导企业行为,但政府职能仍比企业职能弱。而在第一次世界大战或第二次世界大战后启动现代化进程的国家和地区中(特别是东亚地区),政府所起到的作用越来越重要。[1] 由此,他总结为:现代化虽然具有世界的普遍性,每个国家最终都要走向现代化,但是各个国家在地域、资源、历史、文化、机遇等条件上存在差异,它们走向现代化的道路不可能是一模一样的。这就要求每个国家的现代化建设的实践都要立足本国实际,不能盲目照抄其他国家的做法。[2] 他也认同现代化是一个动态过程的观点,并着重指出现代化度量标准的动态性。社会发展日新月异,尽管一直到今天仍有许多学者在为现代化制订度量标准,但几乎跟不上人类进步的步伐,很快便成为明日黄花。如果按照100年前的现代化国家

---

[1] 郭根山:《毛泽东与中国现代化道路——以世界现代化进程为视点》,中央文献出版社2005年版,第155~156页。

[2] 郭根山:《毛泽东与中国现代化道路——以世界现代化进程为视点》,中央文献出版社2005年版,第10页。

标准来衡量今天的社会，那么世界上很多国家早已经是现代化国家了。① 美国学者伊斯顿、阿尔蒙德、塞缪尔·P. 亨廷顿等则从政治学的角度认为政治现代化是整个现代化的核心，现代化最突出的特征是国家政治制度的现代化。

（二）对税收法治现代化的研究

涂龙力和解爱国（2005）认为，税收法治现代化的核心是人的现代化，关键是执法机关和执法人员的现代化，主要任务是有法可依，尽快完善税收立法。他们进一步论述了税收法治现代化的四个现实目标，即税收法律体系、税收法律机构与职能、税收程序和税收法律意识的现代化。武汉市地方税务局课题组（2016）通过阐述税收法治现代化的内涵与内容，分析我国税收法治现代化建设存在税收法律体系不够健全、纳税遵从度不高、执法不够规范、人为干预税收现象等问题，提出从税收立法、执法、提升税法遵从度等方面深化我国税收法治现代化建设。

（三）以国家治理现代化为背景研究税收法治

多数学者认为，现代财政制度需适应国家治理现代化的发展，法治化是现代财政制度建设的趋势之一。新一轮财税制度改革的基本目标是建立与国家治理体系和治理能力现代化相匹配的现代财政制度，提出在财政收入上，要逐步提高直接税比重、优化税制结构、财政支出结构要向民生领域倾斜、实施"全口径"预算管理，在财政管理体制上，逐步向分税制方向逼近（高培勇，2014）。财政与市场、社会、民众等层面有着千丝万缕的联系，我国离现代财政制度仍有距离，现代财政制度建设需要适应国家治理现代化与政府角色的变化，制定财政基本法及相关法律，实现税收与财政支出活动的法治化（卢洪友，2014；马骁和周克清，2016）。税收要在推进国家治理能力现代化中有所作为，应实现自身的现代化。现代化税收制度应具备法治民主化、稳固高效化、导向市场化、制度包容化、视角国际化、遵从便利化等

---

① 郭根山：《毛泽东与中国现代化道路——以世界现代化进程为视点》，中央文献出版社2005年版，第11~12页。

特征（黄运，2014）。卢洪友（2016）通过对中国税制历史脉络的梳理与总结，解读隐藏在税制中的国家治理密码，建议从税收法定、完善地方税体系和优化税制结构方面入手，使税收制度适应国家治理现代化的需要。艾希繁（2019）根据国家治理现代化的要求，认为税收征管需要法治化。主张我国应将国、地税征管体制改革成果法治化，修改税收征管法，通过法律来规范税务机构的征管程序，调整税务行政复议、税务诉讼制度，完善纳税人权利救济机制，完善中央与地方之间的税收征管制度，做好税收征管法与社会保险法相关法律条款的衔接。

三、纳税人权利保护与税收法治关系研究

国外学者较少将纳税人权利保护与税收法治联系在一起进行研究，将二者联系在一起进行研究的有日本学者北野弘久。北野弘久（1984）从宪法学、法社会学、法经济学、法创造学及纳税人立场构造了现代税法的基本原理，认为税法是纳税人的权利之法而非税务机关的征税之法。国内学者多从理论上探讨纳税人权利保护与税收法治的联系。刘剑文（2009）认为，税收法治是构建法治社会的突破口，税收法定的核心是保护纳税人权利，宪法关于税的规定仍不够，制定《税法通则》是税法法典化的需要。许多奇（2016）、魏雪梅（2017）认为，税收法治的灵魂是保障纳税人权益。他们通过梳理我国纳税人权益保障的起步和发展，认为我国在纳税人权益保障方面仍有拓展空间，并提出相关建议。冯辉（2011）认为，在公私融合的现代市场经济背景下，不能在国家和纳税人两者对立的思维下谈纳税人权利保护，而应寻求它们在税收法律关系乃至更大的经济、社会改革背景中达到平衡的方案。胡必坚（2014）认为，对纳税人意思表示的尊重程度，影响着税收法治的实现水平，需要通过税收法制创新，保障纳税人的话语权，尊重纳税人的意思表示，在税收法治建设中促进税收法律关系走向和谐。周莹（2015）、谢琳（2018）从实质法治的角度，认为实质法治要求在各方面都落实税收正义，税收正义体现在对纳税人权利的保障，建议在《宪法》中具体化有关税收的国家权力限制、基本权利保障的内容。俞光远（2018）也认为，税收公平正义的实现，需要确保纳税的合

理合法及纳税人的合法权益不受侵犯。郭名宏（2016）从权利保障的视角审视税收法治的结构和功能价值，阐明税收法治建设中纳税人权利保护的逻辑演进，以促进税收法治和国家治理现代化。王婷婷（2018）从税收法治的挑战和问题的角度说明我国纳税人权利未得到应有的尊重和保护的表现，并提出加大税收决策的民主参与、缓和税征关系等建议来完善我国税收法治。

四、税收法治建设状况及对策研究

学者们对于税收法治建设状况及对策的研究颇为丰硕，不乏达成共识之处。实现依法治税，最核心的举措就是加快税制改革、优化税制结构（江西财经大学课题组，2018）。张斌（2002）从对"法治"含义的辨析着手，分析了税收法治的内涵，认为税收法治的实质是保障国家行使税收权的同时，保障公民财产权利，我国实行税收法治的目标和主要任务是完善税收立法程序和机制、完善对税收行政行为的内外部监督。韩灵丽（2006）认为，税收法治首先是"良法"之治，关键在于依法执法，且离不开对税法的普遍遵守。她提出建立统一、科学、合理的税法体系，按照依法治税原则治理税收执法与守法中的问题。郑智勇（2007）主张我国有必要将"合规性"管理概念、机制引入税务管理和税收立法中，使税务管理更好地遵守各项法律法规，促进我国税收法治化进程。汤贡亮（2008）深入分析探讨了税收授权立法、税收法定原则、税法监督、《税收基本法》、纳税人权利保护与税收征收管理等问题，认为中国税制改革的方向是迈向国际化与法治化，应继续推进中国税收法治化进程。牛军栋（2011）认为，要实现税收管理的科学化、专业化和精细化，必须坚持依法治税。税收法治应通过提升税收立法水平、打造崇尚法律的税务干部队伍及在税收立法、税收执法过程中贯彻对纳税人权利的保护等立体式、多层面的途径实现。汤贡亮和曹明星（2012）认为，我国当前经济与社会转型处于从工业化向信息化过渡阶段，提出从调整税收经济总量、改善税收制度结构和提高税收法治层级三个方面进行税收体制全面改革，实现从法治到宪治的突破，制定《税收基本法》。熊伟（2014）则从形式法治和实质法治两个层面，分析了法治对财税的要求，认为需要充分利用本土资源，发挥政党、立法、行政与司法的作用，提高纳税人的主体意识，以实现法治财税的理想图景。周莹（2015）在分析我国税收法制建设在税收理念、税收立法权、纳税人权利保障、税款支出监督方面存在弊端的基础上，提出我国应在《宪法》中明确纳税人权利保障条款、明确税收立法权专属于立法机关、加强人民代表大会税收预算监管、完善税收司法保障等建议。刘剑文（2015）进一步从税法总论、商品税法律制度、所得税法律制度、财产税和行为税法律制度、税收征管法律制度、税收救济法律制度六个方面论述税法，认为财税法是治国安邦之道，也是纳税人权利保护之法。武靖国（2016）基于国家征税逻辑与纳税人遵从度两个维度，构建了一个显示税收治理秩序转变的模型，运用博弈论分析了"任务治税"与"依法治税"两种税收治理秩序形成的原因与过程，指出我国税收治理秩序要从"任务治税"向"依法治税"转变，需要政府遵守征纳二者的权责边界，形成社会共识，以改变博弈各方的成本收益函数。谢琳（2018）通过税收法治理论考察税收立法、税收行政、税收司法及税收守法等法治实践，总结税收法治实践的成就与不足，提出完善税收法治的建议。贵州省国家税务局课题组（2016）剖析基层税收法治建设实践中存在的问题，从建设现代税收法律体系、规范税收执法行为、提高税法遵从度、完善监督保障体制、建设税收法治文化等方面提出实现基层税收法治化的路径。另有学者从借鉴发达国家税收法治发展经验的角度论述税收法治。魏雪梅（2017）通过分析和对比美国、日本、英国、德国等发达国家在税务行政、税务立法、税务执法和税务司法方面的部分经验，提出了我国实现税收法治目标的建议：在税务行政方面，增强纳税人的纳税意识和税务机关的服务意识，提高税务机关的工作效率；在税务立法方面，完善税收法律体系，维护纳税人权益；在税务执法方面，加强执法力度，提高执法效率；在税务司法方面，完善司法体制，严惩偷逃税行为。李建人（2012）对英国自诺曼征服到光荣革命600多年间的财税法律制度与实践作了制度描述与总结，同时剖析了英国封建社会的特征、英国议会制度的变迁、英国社会经济的转型，探讨了中国税收法律主义的确立路径。

税收立法、执法、司法和税收法律文化是税收法治的重要组成部分，学者们对其作了进一步的细化研究。

(一) 税收立法研究

国外学者在简化、改进税法规则方面进行了较为丰富的研究。弗里德利希·冯·哈耶克（1944）对税制与再分配进行了探讨。普雷布尔（Prebble, 2010）从法治的基本价值出发，认为法治就像所有的原则一样，可以被竞争因素超越。一般反避税规则本身是合理的，也正好说明了我们重视法治的原因，提醒我们更加重视税法的确定性。慕克吉（Mukhopadhyay, 2012）通过对比英国、德国、瑞士、法国、澳大利亚等国在所得税反避税规则上的立场，认为印度也应借鉴国际经验，建立相应的反避税规则，提出了印度所得税反避税规则的修改建议，即避税的举证责任仍在税务当局，限制税务当局在适用反避税规则时的自由裁量权。而另有学者则对一般反避税规则持否定态度。如本－阿米（Ben－Ami, 2015）认为，将目前的避税行为以制定更严格的税收规则的形式非法化，实质是增加了国家权力，破坏了法治。琼斯（Jones, 1999）认为，目前的税收立法是25年前的4倍多，但我们并未取得更多的确定性，虽然法律规则越来越多，但仍不能细致地回答每一个现实问题，在此意义上，完成即时确定性是不可能的，主张税收立法需要更简单、更清晰、更直接。纳格兰（Negline, 2013）通过分析现有税法规则拒绝基金投资者对个人超级贡献的扣除，仍须缴纳15%的税这一案例，认为税法规则需要与时俱进，以体现公平。戈尔金（Goldin, 2013）介绍了在俄罗斯联邦政府主席团的会议上通过了一项对有照顾孩子责任的人减免税收的法律草案。恩德雷卡（Ndreka, 2017）介绍了阿尔巴尼亚议会修改税收程序法律的情况，修正案增加了提升了税收征管透明度、纳税人分期付款的内容，取消了纳税人登记程序，认为允许处于财务困境中的纳税人分期付款，可以在一定程度上增加税收。卡尔雅迪和桑托索（Karyadi & Santoso, 2017）讨论了印度尼西亚政府在2017年6月实施的税收改革计划，将简化包括所得税在内的几项税收政策的规定，降低实体企业的所得税税率以及修改转让定价条款、电子商务业务所得税条款等。国内学者也从不同角度对税收立法进行了研究。刘剑文（2013）认为，要突破财税法治建设的僵局，需要正确定位财税法的性质、理顺立法与改革的关系、调整立法主体结构、加快立法或法律修改的步伐，强化全国人大的税收同意权与预算审批权，以达至"良法善治"目标。刘剑文和王桦宇（2014）指出，传统的财产权保护法律体系存在诸多问题，需要确立公共财产权的概念，公共财产权的取得、用益及处分应遵循法定主义，公共财产权规则体系的建立需要遵循法源明确、程序正当和争讼便利原则，构建公共财产法是现代财税法的核心，是国家财政治理的基础性法治规范。熊伟（2014）认为，自改革开放以来，我国的税收优惠政策特别是区域优惠政策存在种类过杂、形式过多、内容过滥、"政出多门"等混乱局面，可以按量能课税、合比例性、税收法定等清理税收优惠政策，以此构建一个兼具实质合理性与形式合法性的税收优惠法律体系。尹守香（2014）以经济学方法，从规范税收立法权配置入手，围绕税收立法权的横向配置与纵向配置两个方面对税收立法权问题展开研究，建立博弈论模型，利用动态不一致性研究来倡导税收立法权的横向集中；通过捕食者模型的构建，说明税收立法权在纵向上应适当分权。刘松山（2014）进一步提出，在税收立法中，如何将改革、发展、稳定三者的关系由理论变为实证，是面临的一个十分重大的课题。李万甫和牛军栋（2014）对我国税法和税制领域存在的问题进行分析，认为应加快税制的法治化进程，构建能适应税收现代化要求的税法体系，并对加快推进税收征管法修订提出了修订方向。王海勇（2015）认为，法治是税收治理的主要手段，建设完备规范的税法体系是实现税收现代化的必经之路。张雷宝（2015）对税收治理现代化的内涵进行了分析，认为我国在税法、体制、人才等方面存在不利于推进税收治理现代化的问题，提出了善治、法治、共治的税收治理理念，主张重点突破与全面推进相结合的系统改革路径，推进税收治理法治化进程。张木生等（2015）则以《中共中央关于全面推进依法治国若干重大问题的决定》的逻辑内涵与税收法治关系为切入点，就如何建立完备的税收法律体系和高效的税收法治实践体系提出了建议。陈少克（2015）主张需要在传统理论的基础上引入税收意识与税收控制分析，以协同推进税制改革和完善税收法治环境的研究，其从政府和公众之间不同目标函数的视角来分析税收法治环境如何影响税制转型。认为我国目前的税收法律法规的制定和修改缺乏公众的有效参与，政府在税制改革过程中必须识别公众利益诉求，与公众进行有效交流，引导社会税收意识，以不断优化税收法治环境,完善税制结构和税收制度。张守文(2016)从改革、法治与发展相结合的角度,建议解决统一立法与分散立法、税网无漏与税制简明、收入导向与发展导向的关系,不断提升发展导向型税收立法的质量。李建英等(2016)通过梳理法与税收的历史衍变,归纳总结了税收法治的内涵及税收法定的含义;总结改革开放以来我国税收法治建设的历程,分析了其中存在的主要问题,并提出完善税收法律体系、把权力关进制度的"笼子"等建议。学者们还对税收法律规制的修订进行了具体研究。杨颖(2014)从具有惩罚性因素的现行税法规则入手,梳理和归纳惩罚性规则的社会实效,分析惩罚性规则的存在依据、现实作用、负面影响,提出我国税法惩罚性规则的完善方案。施正文(2015)则认为,国家税务总局制定的《全国税收征管规范(1.0)》对推进税收征管规范化具有重要意义,税收征管规范化是推进税收治理现代化、法治化的要求,仍需要对《全国税收征管规范(1.0)》建立动态更新机制等加以完善。

(二)税收执法研究

在促进纳税遵从方面,胡勇辉(2004)总结了国外治理税收流失的经验,包括完善的税收制度、健全的法律保障和严厉的税收惩罚、合理的机构设置、分工明细的制度设计、高素质的中介机构、信息化的税收征管,并提出从法制、制度、征管、观念等方面治理我国税收流失的途径。孙玉霞(2008)从税收遵从的基本概念与理论出发,研究纳税人的税收遵从决策,分别研究税收征管、公共产品提供、税收文化(如法制环境、纳税心理)与税收遵从的关系,对我国纳税人的税收不遵从行为予以实证分析,提出尊重和保障纳税人权利、提高稽查水平、加大处罚力度、塑造诚信政府、推进依法治税等政策建议。曼泽蒂(Manzetti,2011)介绍了贝格曼(Bergman)试图通过观察阿根廷和智利两个国家,研究拉丁美洲民主传统不那么发达的国家如何促进纳税遵从,他认为,当公民知道其他纳税人会同样纳税,且意识到政府会提供相应的公共产品时,他们便会自愿遵守税法,即提高民主程度是减少逃税的主要措施。德兰尼(Delaney,2013)认为,将展望理论应用于纳税人的行为——特别是在纳税人的遵从性决策中存在框架效应,此效应得到了许多实验室实证研究以及对实际纳税人的 IRS 数据研究的印证。考虑到纳税人的行为是可以预见的，当面对一个收益框架时，他们表现出更高的依从性，政策制定者应该利用这些知识来达到减少小企业的纳税不遵从。

在强化税收征管方面，周广仁（2001）、李三江（2016）认为，互联网会对税收治理带来变革与挑战，应推动互联网与税收领域的深度融合，结合"互联网+"的工作要求，从税收法治等方面推行包容式、交互式、精确式、协同式治理和有序化治理。杨晓妹（2009）认为，在权力经济背景下，我国的税收执法环境深受"税收悖论"和"税收潜规则"的影响，提出从政治体制改革、税收协作体系构建等方面来优化税收执法环境。臧耀民（2014）指出，推进税收现代化的关键在于税收征管现代化，他在总结分析福建省国税税收征管现代化经验的基础上，提出推动自主评税和纳税服务的制度创新、推动征管流程和执法规程的制度创新、推动信息管税和风险管理的机制创新、推动组织机构和人力资源的管理创新等建议。丁源（2014）借鉴美国、德国、日本等发达国家税务管理经验，提出加快税收管理法制化进程、建立纳税人代码制度、加快税收信息化建设、优化纳税服务体系、建立专业化税务稽查机制等建议。余菁和张雁（2014）则具体介绍了美国欠税强制拍卖制度的程序，分析了该制度是否会对房地产价格产生影响，建议在立法中将税务机关清理欠税强制执行列为必经程序；借鉴美国欠税强制拍卖制度，将税收留置权与实际拍卖房产分离；引入市场机制，巧借金融工具，提升我国税收强制的效果。陈隆（2015）认为，当前税收征管呈现结构失衡、能力欠缺、效率不高、方式单一等特征，税收征管体系应当实现工具目标、功能目标、价值目标，最终实现法治、共治、善治。马列（2015）则从法治、共治、文治、善治出发，审视纳税服务的功能与作用，指出纳税服务未来发展的导向与实现路径。江苏省镇江市国税局欠税追征课题组（2015）认为，我国需要改变长期以来欠税追征工作得不到充分重视的现状，要发挥资源集聚优势，推进欠税追征工作法治化、科学化、信息化、专业化。彭诚、廖东进和李远华（2016）以贵州省基层国税机关为例，分析税收执法监督中存在的问题，建议加快监督机构改革、推进法治监督队伍专业化、创新监督形式和程序等。贵州省国家税务局课题组（2016）结合我国当前基层税务部门工作实践，分析基层税收法治建设存在的问题，探寻实现基层税收法治化的途径，力图为基层税收法治建设提供理论指引和改革建议。张霄和王志伟（2017）从个人所得税征管现代化建设角度来谈我国税收现代化，认为应从树立法治化征管理念、强化纳税主体的纳税意识、构建非劳动所得收入登记制度等方面推进我国个人所得税征管的现代化。吴华等（2018）认为，税务稽查业务法治建设是税收法制化的直接要求，是税收法制化的重要组成部分。其从执法、司法两个角度对推动税务稽查工作法制化进行探讨，主张税务稽查工作既要严格执法，保障税收征管的威慑力，也要完善司法救济制度，维护纳税人的权利。赵宇（2018）认为，面对依法治国、依法治税的时代要求与税法滞后社会快速发展的窘境，税收契约为解决征纳双方涉税争议提供了一种新途径。其在评析我国税收契约发展现状的基础上，提出了明确税收契约功能定位、明确适用范围等建议。

（三）税收司法研究

学者们从不同角度对税收司法做了较为丰富的研究。杨得前（2008）以公众价值观调查为视角度量税收道德，通过对经合组织（OECD）国家的研究和分析，发现税收遵从、司法廉洁、安全与税收道德之间存在正相关关系，即腐败行为将损害公民的税收道德，且随着严重犯罪的增加，公民的税收道德亦随之下降。其建议消除腐败，提供良好的社会治安环境以提高税收道德水平。王恒亮（2009）探讨了我国税收司法中存在税收司法不独立、税收司法受案范围有限、犯罪行为构成起点低、税收行政权滥用、税收司法人员综合素质欠缺及税收司法保障不足等问题，并提出了相关对策建议。龚学泉（2015）列举了新《行政诉讼法》的修改亮点，提出税务机关要领会新《行政诉讼法》的立法宗旨，适应修改后的《行政诉讼法》的新要求，坚持税收法治。王国侠（2015）以案例的形式厘清"纳税人诉讼"和"纳税人公益诉讼"概念，从对公共财政支出进行法律规制的角度，建议将诉请要求公开公共财政资金支出情况的案件及要求禁止违法支出公共财政资金的案件，或要求退回违法支出的公共财政资金案件列入纳税人诉讼的受案范围。廖志雄（2011）通过介绍新西兰的特殊反避税规则和一般反避税规则的立法演变及其司法解释和运用，建议借鉴新西兰反避税的立法和司法经验，建立并完善我国的反避税立法、执法和司法体系。胡翔（2016）梳理了德国法院体系的历史渊源，并介绍了德国财政法院在税务司法制度中发挥的重要作用，建议借鉴德国法院体系的构成，培养税务法官、建设税务法院、划分税务司法管辖区。赵晓丽（2009）分析了我国税收司法化存在的困境，在借鉴国外税收司法发展经验的基础上，提出完善税收立法、扩大司法审查的作用领域、建立税务法庭及组建税务警察等税收司法化建议。史正保（2008）认为，为适应新的税制要求，我国目前不应设置税务法院，建议设置税务警察和税务检察室，在经济发达地区试点设置税务法庭，重新设置税务行政复议机构。王霞和陈辉（2015）认为，"双重前置"规则破坏了保障纳税人司法救济权的立法目的，"清税前置"规则将一部分纳税人排除在救济程序之外，"复议前置"规则增加了纳税人的救济成本，建议取消税务救济的"双重前置"规则，强化复议机关的中立性，改革其经费来源，以保障纳税人的救济权利。张成松（2016）指出，税收规范性文件在我国税收法律体系中居主导性地位，建议从税收法定的中国语境角度对税收规范性文件进行司法审查，以税收正义作为审查基准，确立司法审查的实质要义。孙隆英（2017）主张区分法院涉外案件的涉税类型，构建税务机关参与分配中的税收征管协作机制和法院执行中产生税费的税收征管协作机制，实现对涉外案件交易税费的有效征管。滕祥志（2017）则从税法确定性问题出发，讨论了税法行政解释的法律规制及开放税收司法问题。

（四）税收法律文化研究

税收法律文化影响到税收立法的价值指向，同时也影响到税法与社会的契合性。学者们对税收法律文化也进行了多角度研究。樊静（2003）在分析我国与西方发达国家的治税思想、纳税意识、权利义务观念、政府与纳税人关系等的差异及其形成根源的基础上，认为我国应将税收法定主义作为税收立法的首要原则，优化宏观治税环境，培养纳税意识，强调政府对基本税权的保障，净化税收征纳关系，使税收法制体现税收的公平与理性。杨斌（2003）则认为，西方文化下行之有效的制度在我国以面子人情关系为特征的文化环境下无法产生同等作用，完善税制的方向更多应遵循国情，而不是所谓与国际接轨，提出关注中国现实文化，设计出使面子、人情无法起作用的制度。王玲（2011）认为，中国与西方的法律文化形成了两条不同轨迹的原因在于地理环境的差异和生产方式的不同，不同的两种文化在全球化的今天不断发生交流与碰撞，并日渐融合。中国法律文化的现代化应从传统法律文化模式向现代法律文化模式转换，实现从人治向法治转换，实现从义务本位向权利本位转换。陈兵等（2018）则通过考察美国税制起源的法治基础，发现税收契约文化与税收宪法理论及实践对殖民地革命运动影响巨大，决定了美国联邦宪法中纳税人权利的条文设计，为美国税制的生成奠定了法治基础。他建议理性看待美国经验，基于我国税收法治发展的实际，应从培育税收和谐文化、强化公民宪法性纳税权与司法救济权两个维度出发，构建我国税收法治理论和文化。毛云芳和林擎国（2005）以深化认识现代税收文化的定义、内涵为基础，分析我国传统文化与传统税收文化对现代税收文化的制约，认为税收文化建设须协调税收文化系统各组成部分的发展，从而促成依法治税。胡必坚（2013）则认为，我国应克服税收法律文化转型的传统制约，以纳税人权利为本位，推进税收入宪和税收法治化，实现税收法律文化从对抗走向合作。

五、研究述评

国内外学者丰富的研究成果为税收法治的相关研究奠定了坚实的基础。在税收法治理论研究方面，早期国外学者主要集中于税收法定主义及税收宪定等原则理念方面，多数认为需要实现税收法定甚至税收宪定，认为税法是纳税人权利保护之法。国内学者对我国要实现并落实税收法定主义基本达成了共识。对于税收公平、税收效率理论，国内外学者较多居于经济学视角予以论述，而从法治视角对其进行论述和加以适用的则不多。西方发达国家对纳税人权利理论研究得较早，我国则相对较晚，且多从理论上探寻纳税人权利保护的缘由及从应然角度主张对纳税人权利进行保护。从国家治理现代化角度研究税收法治方面，学者们从不同角度对现代化进行了较充分的研究，大多认同现代化起源于工业革命。多数学者认为，现代财政制度需要适应国家治理现代化的变化，法治化是现代财政制度建设的趋势之一。对于税收法治建设状况及对策，学者们的研究也颇为丰硕，尤其是对于税收法治的四个方面（税收立法、执法、司法和税收法律文化）的研究，不乏达成共识之处。对于纳税人权利保护与税收法治关系的研究，国外学者较少将二者联系在一起进行研究，而国内学者则多从理论上探讨纳税人权利保护与税收法治的关系。

基于社会经济的不断发展，在国家治理体系与治理能力现代化进程下，有必要对税收法治建设进行深入研究。

（一）国家治理现代化对税收法治建设的要求需要深入探究

现有的研究成果将国家治理现代化与税收法治建设紧密结合进行研究的较少。国家治理现代化涉及国家体制改革的方方面面，税收法治建设是国家治理现代化改革的重要分支。只有深入研究国家治理现代化对税收法治建设的内在、本质要求，才能找准税收法治建设的前进方向。只有仔细梳理国家治理现代化对税收法治建设的外在要求，才能使税收法治建设稳步前行，助力国家治理现代化的实现。

（二）纳税人权利保护与税收法治建设的关系需要进一步证实

国内外学者对税收法治与纳税人权利保护进行了有益的探讨，但国外学者较少将纳税人权利保护与税收法治建设联系在一起进行研究，而国内学者多侧重从理论上论述纳税人权利保护与税收法治的关系、探讨纳税人权利保护的缘由。另外，国内外学者大多从应然角度研究纳税人各类具体权利的保护或阐述本国纳税人权利保护现状，并力图加以完善，而实证分析纳税人权利保护对税收法治的具体影响则鲜见。纳税人权利保护对税收法治有何具体影响及影响程度如何，需要通过实证分析来进一步证实。

（三）税收法治建设状况的定量分析需要突破

虽然国内外学者们对于各国税收法治建设的整体状况进行了丰富的研究，也对税收法治的各领域状况展开了深入研究，如对税收立法、执法、司法等领域状况展开研究，并提出相应的对策建议。但是，目前的研究仅限于理论上的定性分析，仍缺乏对税收法治建设状况的相对客观的定量分析。因此，需要突破对税收法治建设状况的定量分析，以更加具象地了解税收法治建设状况及程度。

（四）税收法治建设的交叉学科研究需要继续加强

目前，关于税收法治的学术研究成果主要集中在法学和历史学领域，而从其他学科角度进行研究的成果还很少。在对税收法治的研究中，研究主题和视角的集中可能有利于研究内容的聚焦，但也容易产生"简单重复"的问题，不利于税收法治建设的研究创新。实际上，税收法治的研究是一个交叉性的跨学科的研究领域，涉及经济学、法学、管理学等多个学科。因此，从经济学、法学、管理学等多学科交叉的视角来审视和研究税收法治，往往更容易实现融合创新。

第三节 研究内容与思路

一、研究内容

本书主要遵循提出问题、分析问题和解决问题的思维模式，设计理论探讨、实证与规范分析、问题提出、政策构建的逻辑主线，力求逻辑体系的完整性与严密性。全书结构内容具体如下。

第一章，导论。本章主要介绍研究问题的选题背景和研究意义、研究内容与思路、研究方法及本书的创新点与不足之处，对国内外相关文献进行梳理并作述评。

第二章，税收法治建设的理论基础。本章明确了税收法治的内涵及体系构成，从经济学、法学等学科探讨了支持税收法治建设的理论基础，对税收法定主义、税法公平理论、税法效率理论和纳税人权利保护理论进行了归纳和阐述，为税收法治建设提供理论指引。

第三章，国家治理现代化对税收法治的要求。本章探讨了国家治理现代化的概念、内涵和特征。在此基础上，揭示了国家治理现代化对税收法治建设的内在与外在要求，明确税收法治建设应适应现代生产力的需要，保护纳税人权利并最终推进人的全面发展。

第四章，我国税收法治建设状况及指数化评估。本章搜集了与税收法治相关的部分法律统计数据，概要地介绍了我国税收法治的建设状况，接着借鉴 WJP 法治指数、香港法治指数和余杭法治指数测算过程的可取之处，通过社会调查获取内、外部评审组及普通公众调查问卷的第一手数据，对我国税收法治建设进行评估，并最终测算出我国当前的税收法治指数，为进一步研究税收法治建设打下基本的认知基础。

第五章，纳税人权利保护程度对税收法治的效应分析。本章从纳税人的主观角度出发，利用微观调查数据，建立 Ordered Probit 计量模型，实证分析纳税人宪法性权利保护程度、纳税人实体性权利保护程度和纳税人程序性权利保护程度分别对纳税人税收立法感知度、税收执法感知度、税收司法感知度和税收法律文化感知度的影响。结果显示，纳税人权利保护程度对纳税人的税收法治感知度均具有显著的正向影响，为在税收法治建设过程中注重保护纳税人权利提供了具体依据。

第六章，国家治理现代化视域下我国税收法治建设存在的问题。本章主要分析我国税收立法、执法、司法和税收法律文化中存在的纳税人权利保护欠缺的问题。

第七章，国家治理现代化视域下完善我国税收法治建设的政策建议。本章根据国家治理现代化对税收法治的要求、实证研究结果和税收法治建设中存在的纳税人权利保护欠缺的问题，从税收立法、执法、司法和税收法律文化四个方面提出完善我国税收法治建设的对策建议。

二、研究思路

本书着力探讨国家治理现代化背景下完善我国税收法治建设的对策建议。其基本思路是：第一，明确税收法治的内涵及体系构成，从多学科角度分析税收法治建设的理论基础；第二，剖析国家治理现代化对税收法治建设的内在与外在要求，为研究税收法治建设提供独特的视角与切入点；第三，采用社会调查获取的第一手数据对我国税收法治发展现状进行评估，测算出我国当前的税收法治指数，为进一步研究税收法治建设打下基本的认知基础，提出税收法治建设仍有待完善这一命题；第四，建立 Ordered Probit 计量模型，分析纳税人权利保护程度对我国税收法治建设的影响效应；第五，从纳税人权利保护的角度分析我国税收法治建设中存在的问题；第六，提出符合国家治理现代化目标的，在税收法治建设过程中注重纳税人权利保护的对策建议。本书研究的技术路线如图1-2所示。

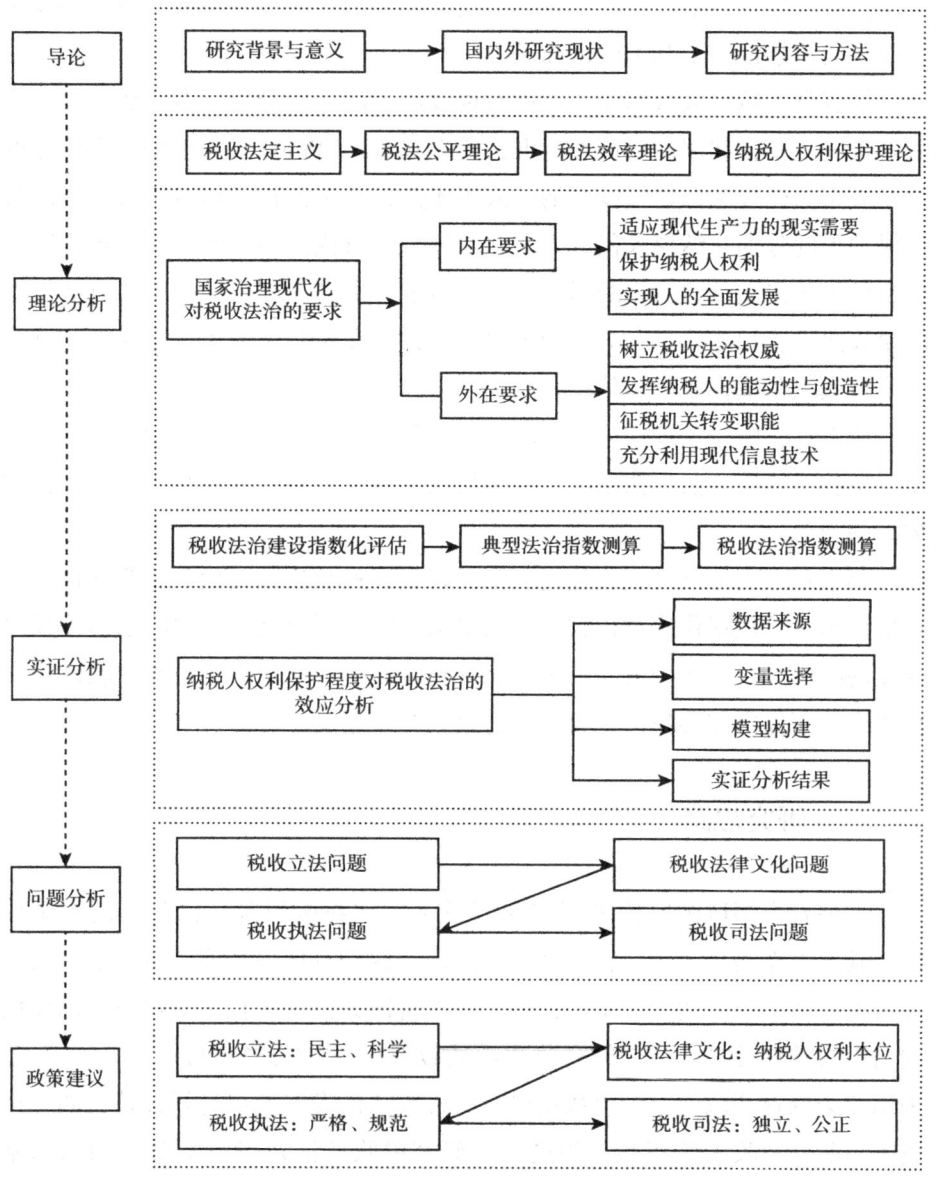

图1-2 本书研究的技术路线

第四节 研究方法

一、规范分析与实证分析相结合方法

在分析了税收法治建设的理论基础之后,本书剖析了国家治理现代化对税收法治建设的内在与外在要求。收集了北大法宝、《中国税务年鉴》(2009～2017年)和《中国统计年鉴》(1998～2017年)的相关客观数据及获取了内、外部评审组和普通纳税人的社会调查数据,并以社会调查数据为依据,对我国税收法治发展现状进行评估,测算出我国当前的税收法治指数。通过建立 Ordered Probit 计量模型,分析纳税人权利保护程度对我国税收法治建设的影响效应,为下一步分析税收法治建设中存在的问题,并提出完善税收法治建设的对策建议提供实证依据。

二、归纳演绎法

本书综合经济学、法学、管理学等多学科理论知识和技术方法对税收法治建设的理论基础、现状评估及影响因素进行分析。税收法治建设的研究不能局限于法学单个学科领域,应以海纳百川的心态,借鉴其他学科的理论知识和前沿分析方法,丰富税收法治研究的图景,使提出的相关对策建议在具有合理性的同时,更具科学性。

三、文献分析法

运用文献研究分析方法,从多渠道搜集国内外相关文献、著作及年鉴资料,特别是国内外近十年来有关税收法治的相关文献资料,了解关于税收法治建设的学术动态与理论前沿。通过对文献的梳理,探讨税收法治建设的理论基础,分析税收法治建设的现状及影响因素,从国家治理现代化视角探究促进税收法治建设的对策建议。

第五节　主要创新与不足

一、创新之处

第一，用定量分析方法测算出税收法治指数，评估我国税收法治建设的状态和程度。借鉴国内外典型法治指数的研究成果，本书采用《中国税务稽查年鉴》《中国统计年鉴》和"北大法宝"中的与税收法治相关的法律统计数据作为测定税收法治指数的参考和辅助性依据，结合内、外部评审组问卷和普通纳税人问卷的数据来对我国税收法治指数进行测算。

第二，建立 Ordered Probit 计量模型，分析纳税人权利保护程度对我国税收法治建设的影响效应。本书从纳税人的主观角度出发，利用微观调查数据，实证分析纳税人权利保护程度对我国税收法治建设的影响效应，运用边际效应分析对影响程度做了进一步的合理测算，得出纳税人宪法性权利、实体性权利和程序性权利保护程度分别对纳税人的税收立法、执法、司法和税收法律文化感知度的影响机制和过程。

第三，以国家治理现代化对我国税收法治建设的要求为切入点进行研究。国家治理现代化是一个比较新的概念，目前学界对国家治理现代化的研究颇多，但观点各异。本书在深入分析国家治理现代化的内涵与特征的基础上，剖析国家治理现代化对税收法治的内在与外在要求，强调我国税收法治建设应以纳税人权利保护为价值目标，并最终促进人的全面发展。

二、局限与不足

第一，在本书第五章被解释变量二级指标的选取上，存在代表性不足的问题。尽管第五章利用微观调查数据，就纳税人权利保护程度对税收法治感知度的影响效应进行了有益的实证分析，但在被解释变量"税收立法感知度"的指标选取上，只选取了"新个人所得税法"和"房地产税法"这两个近期被广泛热议的指标，在指标选取上可能仍缺乏代表性。

第二,本书第五章解释变量的指标具有单一性。第五章解释变量"纳税人实体性权利保护程度"的指标是单一指标,没有相关指标对其度量的准确性进行验证,未深入发掘多维度指标,使得变量度量的准确性和可靠性有所欠缺。

第三,本书第四章未从法哲学的角度对税收法治的各指标进行深入的剖析,对税收法治各指标的理解略显单薄。

第四,运用调查问卷数据进行分析,主观性偏强。本书实证分析部分通过调查问卷的方式得到的内、外部评审数据及普通纳税人的数据,属于有限的主观数据,用其来衡量我国税收法治的发展程度,存在客观性不足的问题。

| 第二章 |

税收法治建设的理论基础

法治是国家治理的基本方略,需要在诸多领域落实,税收是尤其重要的方面。要落实税收法治,破解当前税收法治建设面临的问题与挑战,就需要清楚税收法治建设的理论基础和应当遵循的基本原则。税收法定主义是税收法治的起点,体现了税收形式上的正当性,税收的公平和效率价值则从实质上构成税收正当性的基础,前者强调税收事项有法可依,后者则要求法律规范和税收事项的处理符合更高的标准。① 随着社会的发展进步,人们的权利意识不断增强,纳税人权利保护亦成为新时期税收法治建设应遵循的基本原则。

第一节 税收法治的内涵与体系构成

一、税收法治的内涵

法治是指治理主体在公平、正义、平等、自由、秩序等基本价值或原则的指导下,依照民主程序制定出大家所共同遵从的法律规范,该法律规范使国家权力得到了有效的制约,人民权利得到了最大程度的保障。② 法治的关

---

① 刘剑文:《落实税收法定原则的意义与路径》,《中国人大》2017年第10期,第38页。
② 谭志哲:《当代中国税法理念转型研究——从依法治税到税收法治》,法律出版社2013年版,第123页。

键就在于使用民主决定的法律规范对各种社会关系进行调整和评断,以达到关系顺畅、秩序井然的状态。①

税收法治是法治形态的一种。有学者认为,只有把税收理解为"国民为获得公共物品而支付的对价","税收"才能迈向法治化。"良法"之治是法治的重要前提,也是税收法治的重要前提。税收法治是指在税收良法的前提下,税法权威得到树立,征收权受到制约,征税机关的权力、纳税人的权利均得到税法的确认与保护的一种法治状态。税收法治强调税法的至上性、连续性与稳定性,其基本内容是"限制权力"和"保障权利"②,它的出发点与归宿点是"税法权利本位主义"。有学者则认为,税收法治就是依法规范整个税收活动的过程。不能将税收法治简单地等同于依法治税。依法治税,强调的是税收征管环节,通过既有的法律规范来实现税款的足额征收,体现的是一种"权"本位思想,即国家追求税收利益最大化,以实现国家组织财政收入、调控社会经济的基本目的。而税收法治则体现在税的产生、发展、形成与实现的整个过程,概括起来包括以下几个方面:制定税法,依法行政,公正司法,形成税收法治观念。③ 另有学者认为,税收法治的内涵体现为以下几方面:(1)税收法治是一种重要的法治形态。需要从现代国家治理的法治形态角度对税收法治加以界定,才能准确理解税收法治。(2)从法律文化角度上来说,税收法治可看成一种税法理念或观念、原则、价值,指导税收立法、执法、司法行为,是税收法制的灵魂。(3)税收法治的基本要求是"限制权力"和"保障权利"。税收法治力图从政治制度、法律制度等方面对各类涉税权力进行最大限度地限制,以保护纳税人权利,使征税权力与纳税人权利维持在一个平衡状态。④

结合以上学者的观点,笔者认为,税收法治的内涵指的是:使用民主决定的税收良法,在税收立法、税收执法、税收司法整个过程中限制政府权力,维护纳税人权利,并在全社会形成纳税人权利本位的税收法治观念。

---

① 刘剑文:《强国之道——财税法治的破与立》,社会科学文献出版社2013年版,第19页。
②④ 谭志哲:《当代中国税法理念转型研究——从依法治税到税收法治》,法律出版社2013年版,第128~130页。
③ 戴子钧、胡立升:《税收法治研究》,经济科学出版社2006年版,第3~7页。

二、税收法治的特征

从以上税收法治的内涵可进一步得出，税收法治具有以下五方面的特征：第一，税收良法。良法指的是防止暴政、制裁犯罪、捍卫人们的权利和自由、维护正义的法律。税收良法则是指税收领域的良法，即由全体纳税人的共同意志制定的维持税收秩序和正义，维护纳税人权利的税收法律。第二，税收立法权得到规范。在宪法制度下，宪法对税收立法权予以明确限定，税法违宪审查成为制约税收立法权的主要制度。第三，税收执法权进一步严格。税收执法权的规范表现为税收征管机关严格依法行政，遵循税收法治精神，行使自由裁量，依法为纳税人提供服务，充分保障纳税人权利。[①]第四，税收司法权得到制约。司法机关在拥有专门的税法人才的前提下，严格依照宪法精神，准确适用税收法律规范，及时、高效、公正地作出裁决。第五，税收法律文化得到发展。国家形成在税收法律下审慎地行使税收权力、进行税收宏观调控的意识；纳税人则形成主动依法纳税，依法监督征税、用税过程，在合法权益受到侵犯时，积极寻求法律救济的意识；整个社会形成税法权利本位的税收法治观念。

三、税收法治的体系构成

税收法治的体系构成分为两类：一是形式体系，二是实质体系。形式体系只是客观地对税收法治进行结构分解，而不存在任何的价值判断；实质体系则是在税收法治的形式体系之上融入正向的价值判断和理念。

（一）税收法治的形式体系

一般从税收法治参与主体的角度对税收法治的形式构成体系予以确定，通常认为税收法治分为四个部分，即税收立法、税收执法、税收司法、税收

[①] 谭志哲：《当代中国税法理念转型研究——从依法治税到税收法治》，法律出版社2013年版，第128~130页。

法律文化（见图2-1）。税收立法机关参与税收立法过程，税收执法机关参与税收执法过程，司法机关参与税收司法过程，而纳税人和政府用税人主要参与了税收法律文化的形成过程。税收法治是税收立法、税收执法、税收司法、税收法律文化各个环节的统一，缺一不可。①

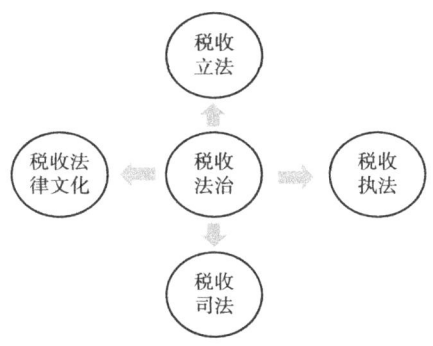

图2-1　税收法治的形式构成体系

税收法治的形式体系同时也体现了一种时间上的逻辑顺序。税收立法是税收法治的起点，只有先由税收立法机关制定出了各类税收法律规范，税收执法才有法可依；只有在税收执法过程中出现了税收争议，或出现了严重违反税收法律法规乃至触犯了刑法的行为，税收司法才开始介入；纳税人纳税、政府用税的价值理念共同融合而产生了税收法律文化。税收法治的形式体系只是从税收法治参与主体的角度客观地对税收法治进行结构分解，而不存在任何的价值判断。

（二）税收法治的实质体系

税收法治的实质体系指的是在税收法治的形式体系之上融入正向的价值判断和理念，以此构成税收法治的实质体系。它同样包含四个方面：一是税收立法机关按照立法程序制定出民主、科学和公平的税法，即税收良法；二是税务机关执法程序规范、结果公正，即依法征税；三是司法机关严格按照事实与税法，客观、公正司法，不受任何外在压力的影响，即税收司法独立、权威；四是政府审慎行使税收宏观调控功能，使用税款公开透明，纳税

---

① 樊丽明、张斌：《税收法治研究》，经济科学出版社2004年版，第30页。

人依法纳税，形成纳税人权利本位的税收法律文化。

税收法治实质体系的四个方面基本与税收法治的特征相对应，是税收法治的精神内核，是衡量税收法治建设的四个维度标尺。

第二节 税收法定主义理论

一、税收法定主义的概念与内涵

（一）税收法定主义的概念

学界一般认为，税收法定主义起源于英国。英国的征税人与纳税人经历了几百年的斗争，于18世纪税收法定主义最终在宪法性文件中得以明确。[①]其后，美国、法国等国家因资产阶级反对封建君主的任意征税，也在宪法性文件中确立了税收法定主义，即"无代表，则无课税"。从侧面看，税收法定主义的生成、发展与确立的过程也是近代民主政治制度的形成过程。在西方国家中，税收的争斗往往导致轰轰烈烈的大革命，并最终以议会掌控征税权结束。[②]

税收法定主义对我国来说是一个舶来品，由学者在20世纪80年代引进。[③] 日本学者金子宏（1989）认为，税收是国民为满足公共需求，将一部分财富转移至国家，因此税的征收必须依法进行，没有法律依据，国家就不能征税，公民也不能被要求纳税。这个原则就是税收法律主义。[④] 国内学者结合我国国情，在保持以上税收法律主义精神实质的基础上，对其进行了更加细化的解说。学者们大多认为，税收法定主义是指税法主体的权利和义务以及税法的各项要素必须由法律加以明确界定。结合日本学者和国内学者的观点，本节认为，税收法定主义指的是税种的设立、税率的确定和税收征收管

---

① 翟继光：《财政法学原理——关于政府与纳税人基本关系的研究》，经济管理出版社2011年版，第41~44页。
② 刘剑文：《落实税收法定原则的现实路径》，《政法论坛》2015年第3期，第15页。
③ 刘剑文：《落实税收法定原则的现实路径》，《政法论坛》2015年第3期，第17页。
④ （日）金子宏：《日本税法原理》，刘多田等译，中国财政经济出版社1989年版，第47页。

理等税收基本制度只能由体现全体人民意志的法律规定，即由全国人民代表大会（以下简称"全国人大"）或全国人民代表大会常务委员会（以下简称"全国人大常委会"）制定和通过的法律来规定，其他任何人或机构都无权决定税收基本制度。

（二）税收法定主义的内涵

我国学者对税收法定主义内涵的理解源于对他国或其他地区的税收法定主义内涵的发展。日本学者认为，税收法定主义主要包括税收要素法定、税收要素明确、合法性原则、程序保障原则。[①] 我国学者在其基础上，将合法性原则、程序保障原则细化为禁止类推解释、禁止溯及既往和禁止加重税负的漏洞补充等原则。[②] 我国学者对税收法定主义基本内涵的阐释并未超出以上范围，大体可以将其归纳为三个方面：一是税收要素法定，即纳税人、征税对象、计税依据等税收基本要素必须由法律规定；二是税收要素明确，即税法对税收基本要素的规定必须尽量表述明确，避免出现漏洞和歧义；三是课税程序合法，即税务机关必须严格依据法律规定的内容和程序征收税款。[③] 虽然有学者对我国在现代化进程中出现的法治理念西化趋势进行批判，认为其经常脱离本土语境和具体的法律情境。[④] 但本书认为，借鉴西方发达国家法治发展经验中的有益部分，与具体国情相结合，运用于本国法治发展实践并无不妥，不能以强调本土语境为由而因噎废食。本书亦认同我国学者对国外税收法定主义内涵的发展。

税收法定主义经历了三个发展阶段。传统的税收法定主义理论仅指以法律的形式对课税要素加以规定，这是税收法定主义理论发展的第一阶段。在现代宪法条件下，税收法定主义应在立法过程中禁止滥用权力，制约课税立法权，将量能负担原则、公平负担原则、保障生存权原则等实体宪法原理考虑在内。这是税收法定主义理论发展的第二阶段。税收法定主义发展的第三

[①] （日）金子宏：《日本税法原理》，刘多田等译，中国财政经济出版社1989年版，第50页。
[②] 余倩影、刘剑文：《税收法定主义：从文本到实践的挑战与路径》，《辽宁大学学报》2016年第11期，第103页。
[③] 刘剑文：《落实税收法定原则的现实路径》，《政法论坛》2015年第3期，第16页。
[④] 余倩影、刘剑文：《税收法定主义：从文本到实践的挑战与路径》，《辽宁大学学报》2016年第11期，第105页。

阶段指的是,税收法定主义贯穿于税收立法、执法、司法的全过程,是实体与程序相统一、以维护人权为己任的理论。纳税人既有权只依照法律承担缴纳税收的义务,也有权关注和参与税收的支出过程。税收法定主义发展的第三阶段立足于税收的征收和使用相统一的角度,从维护纳税者基本权利的立场,将税收法定主义作为广义的财政民主的一环来展开。①

二、税收法定主义的功能

在税收法定主义的发展过程中,其最初的功能是防止拥有行政权的国王任意课税。② 在当代复杂的经济社会中,税收法定主义的功能不能简单地沿袭其在宪法思想史上所包含的意义,还必须赋予它对经济交易和经济事实的税收效果以法的稳定性和可预测性的功能。③ 税收法定主义的具体功能如下。

第一,助力形成良性、互动、文明、和谐的社会运行方式。随着社会经济的快速发展,居民财富显著增加,纳税人对自身财产权益的保护愈加重视,如果对纳税人税款的转移处理不当,很容易导致社会冲突。税收法定主义要求在制定税收规则时广泛听取民意、吸纳民智,经由充分的对话、博弈和调适,最终使税收规则成为凝聚最大共识的民主决策产物。如此制定出的税收规则,可以提前消化异议,化解潜藏的社会矛盾,使得国家征税权与公民财产权之间良性互动、协调共赢,有助于实现国家的长治久安。④

第二,促进我国社会主义民主政治制度建设。税收法定主义有利于推动人民代表大会制度与时俱进,发挥人民代表大会制度的政治制度作用,彰显人民主体地位。在税收法定的引导下,广大纳税人直接或间接地参与税收的征、管、用活动,充分行使纳税人权利,可以增强纳税人的法治意识和主人翁意识。

第三,推动税制改革从行政管理向法治治理转型,提升税制改革的整体

---

① (日) 北野弘久:《税法学原论》,陈刚、杨建广等译,中国检察出版社2001年版,第73~80页。
② (日) 金子宏:《日本税法原理》,刘多田等译,中国财政经济出版社1989年版,第49页。
③ (日) 金子宏:《日本税法原理》,刘多田等译,中国财政经济出版社1989年版,第50页。
④ 刘剑文、耿颖:《税收法定原则的完整内涵及现实意义》,《中国证券期货》2015年第3期,第43页。

质量，优化税收收入的正当性基础。

第四，为我国市场经济发展营造合理、稳定的税法环境。现阶段，我国已经建立起了市场经济的初步框架，但法治的市场经济尚待完善和强化，体现在税收领域，部分税法规范的低位阶可能导致纳税人缺乏财产安全、经营自由等保障。税收法定主义要求完善税法体系，为市场经济主体提供稳定的预期及行为指引。

第五，提高税务机关和纳税人的法治意识，使得国家得以在税收法治的基础上推进全面法治，实现依法治国，促进国家治理体系和治理能力现代化。[1]

第六，税收法定主义还蕴含着一定的契约文化，这有利于建立社会信用体系。[2]

在税收法定主义的诸多社会功能中，规范政府征税行为是其第一位的功能，其他的如促进社会主义民主政治制度建设等功能，都是通过该功能的作用而派生的。[3]

三、税收法定主义：引导税收法治建设

首先，税收立法领域需要以税收法定主义为指导，以解决形式上的税收立法权归属，协调并消除税法效力体系内部的冲突与矛盾，实现形式上的税收法治。[4] 在税收立法层次上奠定坚实基础后，再将税收法定主义向税收执法、税收司法、税收法律文化等领域扩展，以追求实质意义上的税收法治目标。

其次，税收执法需要遵循税收法定主义。主要要求税收征管部门在税收征纳活动中仅以法律法规等的具体规定为依据开展工作，不能违背税收法律法规等的规定，增加纳税人的负担或侵害纳税人的合法权利。

---

[1] 刘剑文：《落实税收法定原则的意义与路径》，《中国人大》2017 年第 10 期，第 36 页。
[2] 熊滨：《税收法定原则：宪政主义的公共财政基础》，《江西社会科学》2008 年第 3 期，第 194 页。
[3] 张永华、肖君拥：《论税收法定主义之内涵——对日本学者金子宏学说的一点质疑》，《财经理论与实践》2004 年第 1 期，第 120～124 页。
[4] 刘剑文：《财税法专题研究》，北京大学出版社 2015 年版，第 23 页。

再次，税收司法过程需要遵循税收法定主义。法院在审理涉税案件时，秉持"以事实为依据，以法律为准绳"的原则依法作出公正判决。

最后，税收法律文化中需要体现税收法定主义，指的是广大纳税人具备依法纳税、监督税务部门依法征税和监督政府依法用税的意识并落实到实践当中，以及税务部门工作人员具备依法征税意识、政府部门具备依法用税意识并落实到实践当中。

第三节 税法公平理论

在贯彻落实税收法定主义的同时，也需要重视税法的公平和效率价值，它们分别从形式和实质上构成税收正当性的基础，同为税收法治之两翼，前者强调税收事项有法可依，后者则要求法律规范具有更高标准的质量。税收法定主义只是税收法治的起点，在税法中融入公平、效率价值，以实现税收领域的"良法之治"。[①]

一、税法公平的定义与内涵

（一）经济学上税收公平理论的发展

税收公平起源于西方重商主义及其后的新兴资产阶级学说，并逐渐形成了利益说、能力说和牺牲说三大理论体系。托马斯·霍布斯、亚当·斯密和其他早期西方思想家主张税收利益说的税收公平观，他们认为政治契约行为与商品契约行为相对应，人们转让自己的权利如同售出商品一样，应该得到相应的等价补偿。所谓税收平等，就是公民以各自在国家保护下拥有的财产数额或个人消费的数额按比例公平地向政府纳税，维持政府。谢夫勒、瓦格纳等社会政策学派的主要代表主张税收能力说，即根据每个纳税人的纳税能力，按累进税原则征收。收入高、负担能力强的多纳税，收入低、负担能力弱的少纳税，反对按财产和收入的比例征收。福利经济学和新剑桥学派的代

---

① 刘剑文：《落实税收法定原则的意义与路径》，《中国人大》2017年第10期，第38页。

表人物尼古拉斯·卡尔多虽然赞成能力说，但他认为较之于财产和收入，消费是衡量人们纳税能力的最佳标准。牺牲说的创立者约翰·穆勒主张采用"最少牺牲"的标准来分配税收负担，实现税收公平，即要求所有社会成员（或所有纳税人）因征税而牺牲的效用总额（或经济福利总额）最小化，实践中便需要有纳税能力的人承担更重的税收，对平均税额以下的人则免除税收负担。① 福利经济学创始人庇古认为税收课征的首要准则是公平，他将税收公平分为横向公平与纵向公平。横向公平是指对经济情况相同的人课以相同的税收，主要涉及税基问题；纵向公平是指对经济情况不同的人课以不同的税收，主要涉及税率结构问题。② 庇古关于税收公平的观点成为当前通说的观点。

日本学者金子宏进一步继承了西方思想家关于税收公平的观点，他认为"税收公平"或"税收平等"指的是在各种税收法律关系中处于平等地位的公民之间公平分配税收负担。③ 他认为税收公平首先要求在课征税收上对情况相同的纳税人给予同等对待，对情况不同者分别给予不同对待；另外，税收负担须根据纳税人的负担能力分配，可从所得、财产和消费三个方面来衡量一个人的税负能力，其中所得和财产作为税负能力的尺度更为合适，也符合社会财富再分配的要求。④ 国内学者关于税收公平原则的认识并未超出金子宏的观点。

（二）税法公平原则的定义

国内有学者主张经济学上的税收公平原则是税收领域和税法领域共同适用的基本原则。⑤ 税收公平原则从税收领域引入税法领域，并在税法领域得到发展，形成税法公平原则。有学者则认为，税法公平原则是"法律面前人人平等"的法学思想在税法中的体现和发展。⑥ 经济学上的税收公平原则只

---

① 许建国：《税收公平问题的理论渊源与现实思考》，《税务研究》2017年第5期，第12～15页。
② 毛程连：《西方财政思想史》，经济科学出版社2003年版，第172～192页。
③ （日）金子宏：《日本税法原理》，刘多田等译，中国财政经济出版社1989年版，第54页。
④ （日）金子宏：《日本税法原理》，刘多田等译，中国财政经济出版社1989年版，第56页。
⑤ 李刚：《论税收调控法与税法基本原则的关系》，《厦门大学学报》2008年第3期，第85页。
⑥ 王超：《从税法公平原则谈我国增值税法的完善》，《河北理工大学学报》2007年第8期，第36页。

是指征纳税的标准问题,而法学思想中的"法律面前人人平等"指的是形式上的平等。罗尔斯将平等分为形式平等和实质平等。形式平等只保证个人的机会均等,并不意味着由个人的能力和努力所取得的成果也要均等化。而实质平等则是在承认合理差异的基础上,给予某些群体适当的特殊待遇,以实现真正的平等。[①] 从平等的区分上看,经济学上的税收公平原则可视为一种实质平等;"法律面前人人平等"指的是任何人不因性别、出身、种族、语言、籍贯、血统、信仰、宗教或政治见解等起点因素而受法律上的歧视或享有特权,是为形式上的平等。[②] 如果仅从征纳税标准的实质平等或"法律面前人人平等"的形式平等的单一方面推导出税法的公平价值,是不全面的。因而应将经济学上的税收公平理论和法学中的形式平等思想相融合,形成适用于税法的公平原则,即税收法治运行过程中既体现纳税人负担能力的平衡性,即实质平等,又体现税收法律关系中各方地位的平等性及权利义务的对等性,即形式平等。

(三) 税法公平的内涵

税法公平原则包括普遍征税原则、平等征税原则和用税公平原则。所谓普遍征税,即税法面前人人平等,一视同仁,所有有纳税能力的人都应毫无例外地照章纳税,不允许有超越法律以外的特权。普遍征税有以下要求:第一,税收法律法规的规定要健全且规范,避免因法条规定模糊或弹性较大而造成税负不公。第二,税务机关依法征税,严格地执行各项税收法律、法规和政策,保证征税的客观公正,尽量减少或避免人为因素;文明执法,提升纳税服务,礼遇纳税人。第三,纳税人依法纳税,偷逃税行为会引起纳税人之间的税负不公,进而导致不公平的市场竞争,要对偷逃税行为进行严格处罚,才能保证依法纳税者的公平。[③] 普遍征税源于法学中的形式平等理念,主要体现在税收执法过程中。所谓平等纳税,即税负要与纳税人的负担能力相称。具体包括两方面的含义:一是纳税能力相同的人应缴纳同样的税收,

---

①② 魏晓丽:《平等思想的法学阐释与分析》,《黑龙江社会科学》2009 年第 4 期,第 172~174 页。

③ 林晓:《税收公平的四种体现与重塑我国税收公平机制》,《税务研究》2002 年第 4 期,第 7 页。

即横向公平；二是纳税能力不同的人缴纳不同的税收，承担的税收负担与他们的纳税能力成正比，即纵向公平。① 平等纳税又称定税公平，源于经济学中的税收公平思想，亦可视为法学中的实质平等，主要体现在税收立法过程中。所谓用税公平，本质上是一种权益性公平，指纳税人对税款支出进行民主决策和监督，保证税款的合理、有效利用。它有两层含义：一方面，税款在民主的决策之下合理使用，使纳税人从中平等地受益；另一方面，税款在有效的制约及监督之下安全、高效地使用。② 用税公平源于法学理论中的权利义务对等观点，纳税人负有向国家纳税的义务，亦享有获取合理公共物品和公共服务的权利。

二、税法公平：税收法治建设的内在价值之一

作为税法价值目标之一的税法公平，对税收法治的影响是广泛而深远的。无论是对税法法律权威的确立，还是在税收法治的各个环节，税法公平都具有指导作用，否定税法公平对税收法治过程的价值指引，税收法治就缺乏合理性。

首先，税收立法应体现公平精神。税收立法是税收法治的起点和基础。税收立法是否体现了追求公平的精神，在很大程度上决定了税收法治能否实现公平这一目标。只有把公平价值融入税收法律概念、法律规范和程序等要素之中，设立了公平的法律规范和法律程序，具备了实现公平的法律途径，税收执法公平、税收司法公平、税收守法公平才可能成为普遍的行为。因此，在税收立法中，应以税收公平价值为指导，公平地分配征税主体的职权和责任、纳税主体的权利和义务。

其次，税务机关应公平执法。税收执法指的是税务机关依法进行征收管理活动。税收公平对税收执法的要求包括：一是在纳税人之间平等地适用税收法律、法规。具体来说，税务机关在行政执法过程中，要遵循公正、公平

---

① 王超：《从税法公平原则谈我国增值税法的完善》，《河北理工大学学报》2007年第8期，第36~38页。

② 林晓：《税收公平的四种体现与重塑我国税收公平机制》，《税务研究》2002年第4期，第7页。

和公开的原则,依据事实和法律进行税收征收管理,特别是在税收行政处罚中行使自由裁量权时,对于具有相同情节的纳税人的处罚应当保持一致,不能出现过大悬殊。① 二是受税务机关不当执法行为侵害的纳税人能够获得充分有效的税务行政救济。

税收执法公平公正,纳税人在税收缴纳业务及税务行政救济过程中(如税务登记、纳税申报、发票管理、税款缴纳、享受税收优惠、退税、税务行政复议等)感受到程序公平、执法公正,纳税人依法纳税意识便会增强,纳税遵从度便会提高。相反,如果税收执法不公平,如存在税务机关违反税法规定私自多征、乱征和越权减免税,税收处罚自由裁量权不当,甚至存在征管人员利用征管之职"设租"等行为,纳税人又无法获得有效的救济,纳税人将质疑税收执法的公平公正性,从而降低纳税遵从。②

最后,税收司法活动要公平公正。税收司法指的是司法机关依照法定权限和程序,运用税收法律、法规处理税务案件的行为。税务案件包括税务行政案件和税务刑事案件。税收司法是法律实施过程中的一种最终的、常规性的救济手段,征税主体与纳税人之间的代位权、撤销权等行政诉讼是其主要内容。税收公平对税收司法活动的要求在于以下三个方面:一是客观准确地掌握税务案件事实,避免以偏概全,作出错误的判断;二是正确地选择及理解所要适用的税收法律法规;三是以平等对待为原则,在纳税人和税务机关之间做到不偏不倚,保障案件审理的程序公正及实体公正。③

第四节 税法效率理论

一、税法效率的界定与内涵

(一)税法效率的界定

早在亚当·斯密时期,研究者就对税收行政效率问题予以了重视,亚当·

---

① 谭珩:《试论税收的基本原则》,《税务研究》1997 年第 9 期,第 21 页。
② 张仲芳、李春根、舒成:《税收公平与税收遵从》,《税务研究》2015 年第 12 期,第 121 页。
③ 邢国辉:《论税法上的公平原则》,《税务研究》2008 年第 12 期,第 56~57 页。

斯密提出了便利原则、最少征收费用原则。其后,瓦格纳提出了税务行政原则。① 国内的研究一般认为,税收效率包括经济效率和行政效率两个方面。税收的经济效率包含两个方面内容:一是尽量使税收保持中立,让市场机制发挥配置资源的作用;二是国家征税除了使纳税人因纳税而牺牲这笔费用外,最好不再导致纳税人其他经济损失或额外负担。税收的行政效率是通过一定时期内税收入库与税收征收成本之比来衡量的,即表现为征税收益与征税成本之比越高,税收行政效率越高。国内学者通常将税收效率原则固定为税法的基本原则。② 刘剑文(2015)对我国税法学者将税收效率原则定位为税法原则加以批判,认为税法学关于效率原则的论证过程与税收学的研究惊人地保持一致,是简单地搬用经济学界关于税收原则的成果,而不是通过运用法学方法进行研究,得出该原则对税收立法、执法和司法有普遍指导意义的结论。他认为要确立效率原则作为税法基本原则,税法学就需要回答其如何在整个税法领域发挥作用,如何具体化地指导征税主体和纳税主体的行为。③

将税收效率原则直接定位为税法原则确实缺乏充分的论证,但可以借鉴发展成熟的税收效率原则,将其与法学理论中的效率原则相结合,形成适用于税法的效率原则。法学理论中的效率原则通常指的是行政效率,即尽量耗费最少的经济和时间成本完成立法、执法、司法和守法过程。虽然税收效率原则也包含行政效率,但其仅指在税收执法这一环节的效率,未涉及税收立法、税收司法和守法环节。因此,将经济学上的税收效率原则与法学理论中的效率原则相结合,形成适用于税收法治建设这一交叉学科研究的税法效率理论,其仍包含经济学上的经济效率和行政效率两个方面内容,同时对税收行政效率的范围加以拓展,既包含税收执法效率,又指涉税收立法、司法和守法效率。

(二) 税法效率的内涵

税法效率原则的经济效率指的是税收立法过程中尽量设计"税收中性"

---

① 刘剑文:《财税法专题研究》,北京大学出版社2015年版,第25页。
② 徐孟洲:《论税法的基本原则》,《经济法学评论》2001年第1期,第222~225页。
③ 刘剑文:《财税法专题研究》,北京大学出版社2015年版,第25~26页。

的规范制度,避免对纳税人或潜在纳税人的业务及投资决定、储蓄选择及消费选择造成不必要的干扰,发挥市场在资源配置中的决定性作用,并不再使得纳税人承担其他经济损失或额外负担。税法效率原则的行政效率指的是参与税收立法、执法、司法和守法过程的各方均牺牲最少的经济和时间成本,实现税收立法、执法、司法和守法过程的高效运转。实现税收立法效率,需要立法机关尽量缩短税收法律法规制定和出台的时间,提高税收立法的意见收集、讨论、修改、审核的效率;税收执法效率指的是税务机关以最少的征管成本获得最多的税收收入;税收司法效率的实现要求司法机关尽量在法律规定的最短期限内处理涉税案件,而不无故拖延;税收守法效率指的是纳税人在规定期限内依法积极纳税。

二、税法效率:税收法治建设的内在价值之一

在我国税收法治建设的税收立法、税收执法、税收司法和税收守法过程中,都需要以税收效率为价值指引。

首先,在税收立法方面,在制定税收法律法规的内容时,应当将避免过度干扰纳税人或潜在纳税人的经营投资决策等经济行为考虑在内;立法程序启动后,制定税收法律法规的周期应尽可能缩短,不能以行政流程为借口,而把税收法律法规的制定周期不合理地延长,这样不仅失去了行政效率,更使得整个社会的运行效率受损。

其次,在税收执法方面,税务机关的税收征管等活动应最大程度便利纳税人,使纳税人除承担税款外,不存在其他额外的经济损失;税务机关应加强内部人员培训,提高工作人员的业务素质,进而提高工作人员的工作效率;加强信息化征管,进一步缩短办税时间,以最小的征管成本取得尽可能多的税收收入。

再次,在税收司法方面,人民法院在审理第一审税务行政案件时,如认为事实清楚、权利义务关系明确的,应当尽量适用简易程序;当事人各方同意适用简易程序的,应尽量适用简易程序。我国《行政诉讼法》第八十三条规定,简易程序由审判员一人独任审理,并在立案之日起四十五日内审结。符合条件的税务行政诉讼一审案件适用简易程序可大大提高审判效率,降低

涉诉各方的经济和时间成本。法院审理其他税务案件，也应尽量提高审判效率与执行效率。

最后，在税收守法方面，要使纳税人积极纳税，除了严格执行惩戒措施外，最根本地在于提升纳税人依法纳税意识。通过充分利用新闻媒介和金税网等加大税法宣传力度，注重税法普及教育，使广大纳税人形成根深蒂固的依法纳税观念。更为关键的措施是规范透明财政支出，通过财政体系的分配，尽量详细地把每个开支项目、用途公布于众，让纳税人交"明白税"、政府花"明白钱"。

第五节 纳税人权利保护理论

20世纪70年代，缘于对法治和人权的尊重，西方发达国家率先开展了对纳税人权利保护问题的研究。这些西方国家首先制定保护纳税人权利的法律制度，再依据已有的法律制度，建立纳税人权利保护的专门机构和工作机制，形成了立法保障、执法保障、司法保障和社会保障在内的完整的纳税人权利保护体系。[①]

与西方发达国家相比，我国对纳税人权利保护的研究起步较晚。改革开放之后的前十年，关于税收法律关系性质的主流观点仍是"纳税义务论"，认为其是一种权力关系。纳税人权利保护尚未成为一个独立的税法学基础理论命题。随着日本学者的税收债务说传入国内，税法学者对传统的纳税义务论进行了反思与批判，并逐渐接受了税收债务说。[②] 税收债务说将税收的本质界定为公法之债，其目的在于揭示和塑造纳税人与税务机关之间的平等关系，从而改变纳税人只是权力关系理论下义务主体的认知。税法也从"征税之法"转变为"纳税人权利保护之法"，纳税人权利保护开始作为税法学基础理论进行研究。有学者又进一步挖掘了税收债务说背后的"社会契约论"思想，对纳税人权利保护的理解不再局限于税收征管过程，而向税收立法以

---

① 韩国荣、范巧玲：《纳税人权益保护：进展及方向》，《中国税务》2012年第6期，第8页。
② 洪小东：《改革开放四十年纳税人权利保护考察——基于"学术史"与"制度史"的双重视角》，《理论月刊》2019年第1期，第146页。

及税款的分配环节延伸。①

一、纳税人权利保护的定义与内涵

(一) 纳税人权利概念

对纳税人权利概念的诠释是纳税人权利保护的前提。纳税人权利是不同位阶、不同层次的法律规范对纳税人权利规定的集合。按照纳税人权利的来源,可将纳税人权利分为宪法性权利和税法性权利。宪法性权利是指由宪法规定的、纳税人在政治、经济和社会生活中享有的最根本的权利,包括纳税人的财产权、参与权、监督权等;② 纳税人税法性权利是纳税人依据税收具体法律制度享有的税收权利,即指纳税人在履行纳税义务时,税收法律法规规定其可作出一定行为及要求他人作出或不作出一定行为的许可和保障,还包括纳税人在其合法权益受到侵害时得到救助和补偿的权利。③ 根据纳税人税法性权利行使途径的不同,可将其分为实体性权利和程序性权利。纳税人实体性权利侧重于纳税人权利的静态保护,反映的是纳税人权利行使的目的及结果,主要体现在税收实体法当中;纳税人程序性权利则关注纳税人权利的动态保护,反映的是纳税人权利行使的过程,主要体现在税收程序法当中。④

(二) 纳税人权利保护定义

纳税人权利保护是税收良法、善治的核心内容之一。纳税人权利保护指的是对《宪法》及税收法律法规对纳税人享有的《宪法》上的基本权利和税收具体权利的保护,税收具体权利的保护贯穿于税收立法、税收执法、税收司法等税收法治运行的各个环节。

(三) 纳税人权利保护的内涵

国家通过税务机关向纳税人征税的过程是动态的,对纳税人权利的保护

---

① 洪小东:《改革开放四十年纳税人权利保护考察——基于"学术史"与"制度史"的双重视角》,《理论月刊》2019年第1期,第147页。
②④ 张晶、陈巍:《试论纳税人权利保护制度》,《经营管理者》2014年第30期,第246~247页。
③ 郑立婷:《纳税人权利保护研究的回顾与展望》,《卷宗》2015年第6期,第507页。

伴随着国家征税权的行使而具有动态性。纳税人权利保护可看成是包含"一个核心，两个支撑"的动态保护体系，即以宪法性的纳税人权利保护为核心，分别以纳税人在税收实体法和税收程序法中的权利保护为支撑的权利保护体系。宪法性的纳税人权利保护指的是对《宪法》规定的纳税人财产权、参与权、监督权等基本权利的践行与保护，可以分别通过强化征税同意权的税收法定与用税监督权的预算约束来实现。① 纳税人的实体性权利保护指的是对税收实体法当中规定的纳税人的实质平等权的保护，实现经济状况相同的纳税人纳同样的税，经济状况不同的人纳不同的税。纳税人程序性权利保护指的是对税收程序法当中规定的纳税人的程序性权利的保障，如对陈述与申辩权、申请减免、退税权、申请复议与诉讼等权利的保障，可以通过规制税收征管权、提升办税服务质量来实现。

二、纳税人权利保护：税收法治建设的核心价值

重视和实现纳税人权利保护已成为世界上大多数国家税收制度建设及完善的重要目标。② 税收实际上是对纳税人财产权的"限制"，其在价值评价上应属于"恶"，但在现实社会形态中，它又是不可避免的、必要的"恶"。虽是如此，却也应有一定的限度，对该必要的"恶"的限度把控有两个基本方向：一是国家权力的限制，二是纳税人权利的保护。一直以来，我国税制的设计以前者为着力点而忽视了后者。随着国家对政府角色与职能的重新定位——权力型政府向服务型政府转变以及税收制度的发展，纳税人权利的保护应成为限制税收"恶"的出发点和着力点。③ 纳税人权利保护这一概念的提出被赋予了多重目标：从实践意义上的促进纳税遵从到广泛意义上的推动税收法治建设。纳税人权利保护是推动税收法定原则全面贯彻落实的切入点④，

---

① 洪小东：《改革开放四十年纳税人权利保护考察——基于"学术史"与"制度史"的双重视角》，《理论月刊》2019年第1期，第147页。
②③ 冯诗婷、郑俊萍：《税收本质与纳税人权利保护之理论基础》，《税务研究》2017年第3期，第72页。
④ 施宏：《税收法定的前提是纳税人权利法定》，《国际税收》2014年第8期，第57页。

承担着经济新常态下的税收法治体系构建与完善的重任。①

我们需要在税收法治建设过程中不断完善纳税人权利保护机制，实现纳税人权利与国家征税权相平衡基础上的最大限度保护。作为税收法治建设四个维度的税收立法、税收执法、税收司法、税收法律文化，都需要纳税人权利保护理论的价值指引。

（一）在税收立法方面，我国需要建立完善的纳税人权利保护法律体系

我国需要构建以《宪法》为基础，以《税收征管法》和《纳税人权利保护法》为主的纳税人权利保护法律体系，并进一步对《税收征收管理法》中的纳税人权利予以明确完善。②

（二）我国需要在税收执法的各环节减少或避免对纳税人权益的侵害

税收执法主要体现在税收征管阶段。在税收征管活动中，纳税人的权利主要包括：第一，知情权。纳税人享有了解、知晓税收法律法规、政策等的知情权以及享有被告知与自身纳税义务有关的一切信息的权利。第二，无偿获得专业服务的权利。纳税人可免费获得税务机关提供的纳税咨询、纳税指导等服务。第三，保密权。税务机关应对纳税人向其提供的个人财产信息或相关商业信息严格保密，只能在法律限定的范围内使用上述信息。第四，陈述与申辩权。纳税人在税务机关给予行政处罚时有说明和辩解的权利。第五，诚实推定权。在无证据证明纳税人存在涉税违法行为的情况下，税务机关应首先推定纳税人是诚实、无过错的，直到有充分证据能使执法机关推翻这一推定为止。第六，礼遇权。纳税人在税收征纳过程中享有税务机关礼貌对待的权利。第七，申请减、免、退税权。纳税人应按期履行纳税义务，但因不可抗力致使纳税人无法按期履行纳税义务时，其有权申请一定期限的延缓且免予滞纳处罚。第八，申请复议与提起诉讼的权利。纳税人在税务机关侵害其合法权利时，有获得救济的权利，如有申请复议或提起诉讼的权利。

---

① 翟中玉：《法治中国视域下税权平衡的概念及其价值》，《河北法学》2018年第6期，第178页。

② 翁武耀、蓝昕、周玉昕：《外国纳税人的权利保护及其立法借鉴》，《研究生法学》2017年第6期，第18页。

第九，损害赔偿请求权。因税务机关作出的缺乏法律依据的行政行为，导致纳税人人身或财产损失，纳税人有权要求赔偿。

在税收执法过程中，纳税人上述权利均存在受到侵害的可能性。为了减少或者避免对纳税人权益的不法侵害，税务机关必须加强对税收执法行为的管理与监督，重点加强对问题多发环节的监督，强化对税务人员的法制教育和业务培训，落实税收执法责任制，加大对执法过错行为的追究力度。同时，完善外部监督机制，接受各级监督部门、广大纳税人和社会公众的监督。① 纳税人作为税收征管活动中的主角，税务机关应当保障纳税人权利，为纳税人提供优质的服务，更好地引导纳税人自觉、自愿缴纳税款，构建和谐的税收征纳关系。②

（三）我国需要构建完善的纳税人权利司法救济体系

目前，一些国家都建立了一套便捷、规范、高效的纳税人权利救济体系，主要包括四种救济方式和途径：税务行政复议、税务行政诉讼、纳税人诉讼制度、违宪审查制度。违宪审查制度指的是对有违宪之疑的税收法律规范进行合宪性审查，以实现税收的"良法"之治。纳税人诉讼制度指的是公民可以以纳税人的身份对政府违法使用税款的行为提起诉讼，保证税款的合法合理使用。税务行政复议和税务行政诉讼主要针对税务行政机关作出的违法具体行政行为，纳税人基于行政相对人的身份申请复议或提起诉讼。一些国家一般设有专门的税务复议机构，地位独立，成员中立，并引入复议听证制度，公正、透明和高效地解决税收争议，并设计激励纳税人诉讼的制度，降低诉讼门槛和诉讼成本。③

衡量一个国家税收法制建设程度的重要指标之一是纳税人的权利是否得到法律的充分保障，在其权利受到侵害时能否得到有效救济。虽然通过修订法律可以明确纳税人的合法权益，通过加强税收征纳的管理、监督以及提高

---

① 韩国荣、范巧玲：《纳税人权益保护：进展及方向》，《中国税务》2012年第6期，第10页。
② 朱大旗、张牧君：《美国纳税人权利保护制度及启示》，《税务研究》2016年第3期，第84页。
③ 姜庆丹、赵研：《纳税人权利保护在新一轮税制改革中的立法构建》，《东北大学学报》2012年第3期，第150页。

税收征管部门的服务意识可以使纳税人享有法律规定的权利,然而纳税人的权利也最容易受到不当行使的税收征管权的侵害,因此,有必要将司法救济作为纳税人权利保护的最后一道防线,构建完善的纳税人权利司法救济制度。①

(四) 在税收法律文化中强化纳税人权利保护观念

在现代信息发达时代,纳税人可从多种渠道获知自身享有的权利,应充分行使税收法律法规赋予的各项权利,在自身合法利益受损时,积极寻求行政救济或司法救济;税收立法部门、执法部门和司法部门应以依法保护纳税人权利为使命开展涉税工作,如此才能在全社会强化纳税人权利保护意识,形成以纳税人权利保护为主导的税收法律文化。

---

① 郑立婷:《纳税人权利保护研究的回顾与展望》,《卷宗》2015年第6期,第508页。

| 第三章 |

国家治理现代化对税收法治的要求

党的十九大报告提出，需要不断完善国家治理体系，坚持并加强党的领导，坚持以人民为中心，坚持依法治国，发挥社会主义协商民主的作用，提升改革的系统性、整体性和协同性。① 税收法治建设是依法治国在税收领域的体现，也是国家治理现代化进程中的重要一环。站在国家治理现代化的新起点上，税收法治建设承担了更为重要的历史使命。国家治理现代化的最终目标是实现人的全面发展，税收法治建设需要符合国家治理现代化对其提出的内在与外在要求，与社会其他方面的改革建设形成合力，共同推进国家治理现代化。

第一节 国家治理现代化的概念与特征

一、国家治理现代化的概念

（一）现代化论

美国社会学家丹尼尔·勒纳认为，现代化是"欠发达社会"获得"较发达社会"特征的一种社会变迁，这种社会变迁是由国际或社会之间的交流

---

① 习近平：决胜全面建成小康社会，夺取新时代中国特色社会主义伟大胜利——在中国共产党第十九次全国代表大会上的报告，人民网，2017年10月28日。

所引发。更具体地说,他认为现代化是西欧和北美产生的制度和价值观念自 17 世纪以后传播到欧洲其他地区,然后在 18～20 世纪传播到世界其他地区的过程。①

虽然西方学者对现代化含义的理解各有不同的侧重点,但他们对现代化含义的论述存在以下三点共同之处。第一,科学技术的发展推动了现代化的产生和发展。现代化是从传统社会到现代社会的变迁过程,是一场基于科学革命而来的转变。科学革命使得人们的知识得到了空前增长,人们对环境的控制能力不断增强,由此引发工业革命,随后人类关系发生了世界性变革,整个社会开始了经济领域的工业化、政治领域的民主化、社会领域的城市化以及价值观念的理性化之间的互动过程(见图 3-1)。这一互动过程便是社会的现代化变革过程。因此,科学技术的发展和科学革命是这场我们今天称为"现代化"变革的源动力。②

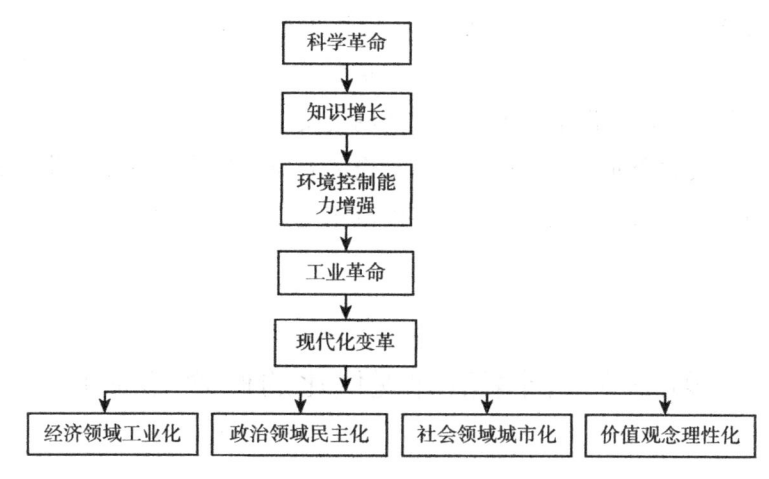

图 3-1 现代化演变过程示意

第二,现代化是社会的全面发展,而不是社会某个领域的单一变革,人类所有的活动,包括知识、经济、政治、社会和心理等方面都将发生变革。现代化推动了经济上的生产增长,贸易扩大,打破了国内外旅行和贸易的屏

---

① 付志宇:《近代中国税收现代化进程的思想史考察》,西南财经大学出版社 2015 年版,第 31～32 页。

② 段治文、钟学敏、詹于虹:《中国现代化进程》,浙江大学出版社 2008 年版,第 6 页。

障,形成了大众市场等;现代化推进了政治的变革,包括统一政策的制定、政府调动社会资源的合理化、以合法制度代替个人独断、民主社会逐渐形成;现代化使大量农村人口迁往城市,农业社会开始向城市化社会转变,教育越来越发达,文化普及率提高,妇女得到解放,男女实现平等;现代化使得人们的心理模式和行为模式随着经济、政治、社会领域的发展发生了根本性变化。

第三,现代化不是一个静态概念,而是一个动态过程。它是一个革命的、复杂的、系统的、有阶段的长期过程。[1]

(二) 治理的含义

治理理论的思想由来已久,最早可追溯到古希腊时期的亚里士多德。[2] 亚里士多德认为,城邦治理的最高目标是"善",法治是城邦治理的最好方式。其后,英国哲学家、思想家洛克主张社会契约是治理理论的核心,强调分权和法治对于维护社会秩序的重要性。法国思想家孟德斯鸠进一步强调分权制衡理论,主张将立法机关分为贵族院和平民院,行政机关有对立法机关进行否决的权力,司法机关对立法和行政机关拥有监督权。美国第三任总统杰斐逊主张的理论主要强调民主性原则和多数决定原则。[3]

自20世纪90年代开始,德国学术界将"治理"概念越来越广泛地应用于政治学、法学、社会学和经济学等领域,并通过在"治理"前面加上限定性词语而衍生出相关概念群,如"全球治理""国家治理""地方治理""社会治理""社区治理""环境治理""经济治理"等。但到目前为止,学者们对于"治理"概念仍持各种不同观点。柏林赫尔蒂公共管理学院费德勒教授等人认为,由"统治"发展到"管理"再到"治理",不是一个文字游戏,而是反映了公共政治思想的发展变迁,即从单方面强制行使权力转变为国家与社会之间的良性互动,意味着政府权力的分散和治理主体的多元化参与。[4]

---

[1] 段治文、钟学敏、詹于虹:《中国现代化进程》,浙江大学出版社2008年版,第6~7页。
[2] 王乔、席卫群:《现代国家治理体系下的地方税体系构建研究》,经济科学出版社2015年版,第24页。
[3] 李明月:《改革开放以来中国国际治理理论的发展与变迁——第三届"政管——立格联盟"高端论坛综述》,《社会科学动态》2019年第3期,第114页。
[4] 孙来斌:《德国国家治理的经验与启示》,《人民论坛》2016年第6期,第79页。

在所有关于治理的定义中,全球治理委员会给出的定义具有一定的代表性和权威性。该委员会在《我们的全球之家》的研究报告中对治理界定为:各种公共或私人机构及个人管理和安排他们共同事务的方式的总和。它协调不同或冲突的利益并使相关利益人能够采取持续的联合一致的行动。治理的基础既包括具有强制力的正式制度和规则,也包括人们认可的非正式的制度安排。[1]

关于治理的内涵,本书认同相关学者的观点,即治理区别于统治,它的指向不是单向的,而是双向或多向的,在治理中,每一个人或组织既是被治理者,又是治理参与者。治理的核心是强调多中心、网络化和合作管理。治理的效果不是要个人或组织绝对地服从,而是通过各方积极的参与、沟通、协调、激励和约束,形成一种遵循正确价值取向的良好秩序和状态。[2]

(三) 国家治理的含义

广义的国家治理是指国家按照既定的秩序目标,对整个社会的运行与发展进行有计划的控制、调和与引导的活动。[3] 有学者认为,国家治理是国家权力的拥有者、管理者和利益相关方等多元主体对社会公共事物的协同管理,以维护社会秩序,增进公共利益。[4] 另有学者认为,国家治理是对国家管理的扬弃,是多元利益相关者对社会公共事务的合作管理,需要考虑治理手段的正当性和治理目的的合理性。[5] 还有学者认为,国家治理的理想状态是善治。善治就是政府和公民对社会政治事务的协同治理,是公共利益最大化的治理过程,表现为国家和社会处于最佳状态。[6]

从前面关于"治理"概念的阐释来看,国家治理是从治理概念的基础上发展而来的,在"治理"前加上了"国家"这个限定词。虽然将治理的主体限定为国家,但治理的精神内核如强调多元共治、维持良好秩序、实现公共利益等在国家治理中仍是一以贯之的。因此,所谓国家治理,是指国家与

---

[1] 俞可平:《论国家治理现代化》,社会科学文献出版社2014年版,第20~21页。
[2] 李忠杰:《治理现代化科学内涵与标准设定》,《人民论坛》2014年第7期,第22页。
[3] 郭艳:《党纪与国法:国家治理现代化的两个支点》,《人民论坛》2017年第8期,第88页。
[4] 何增科:《国家治理现代化的维度与面向》,《人民论坛》2014年第9期,第45页。
[5] 李祥、杨凤春:《国家治理的价值内蕴及其实践路径研究》,《社会主义研究》2016年第3期,第90页。
[6] 俞可平:《论国家治理现代化》,社会科学文献出版社2014年版,第3页。

各类社会组织、公民等多元治理主体采取协商、合作的方式，运用正式和非正式的规则，来共同管理、安排社会公共事务，使得社会矛盾最小化、社会公共利益最大化。

（四）国家治理现代化的概念界定

现代国家治理理论产生于20世纪80年代末期。随着对市场与政府、政府和民众这些基本关系认识的不断深化，现代国家治理理论也在不断发展。① 有学者认为，国家治理现代化指的是维持特定的国家政体基本框架不变的前提下，将现代政治和现代行政的程序、机制和技术引入国家治理结构和过程当中，特别是引入立法和其他公共决策过程中去，使国家治理的理念、模式、工具和技术现代化，提升国家治理质量。② 有学者则认为，国家治理现代化就是使国家治理这一上层建筑适应现代生产力发展的需要，即适应市场经济的发展、适应民主政治的进步、适应法治的期盼。我国国家治理现代化的直接目标是完善中国特色社会主义制度，最终目标是建设富强、民主、文明、和谐的社会主义现代化国家。③ 还有学者认为，现代国家治理体系是一个政府、社会组织和公民等治理主体平等互动、协商共治，各自承担相应治理责任的动力系统。④

结合以上学者的观点，本书认为，有关国家治理的理念、程序、模式等现代化的观点或形成多元主体间协同共治的观点抑或是国家治理体系现代化和能力现代化的观点，均为国家治理适应不断发展的社会生产力的具体方式或途径。国家治理现代化属于社会现代化进程中的政治现代化，而政治现代化的核心是民主。因此，国家治理现代化指的是国家与各类社会组织、民众等多元治理主体以民主价值为导向，采取协商、合作的方式，对社会公共事物进行的管理、协调与引导，力图与现代社会生产力相适应，并最终有益于人的全面发展。国家治理现代化的方式不是一成不变的，它是一个随着社会

---

① 王乔、席卫群：《现代国家治理体系下的地方税体系构建研究》，经济科学出版社2015年版，第24页。
② 何增科：《国家治理现代化的维度与面向》，《人民论坛》2014年第9期，第45页。
③ 阮博：《国内国家治理现代化研究综述》，《社会主义研究》2015年第4期，第150页。
④ 李辉、蔡静：《公民参与社会治理的能力亟待提升》，《人民论坛》2017年第2期，第76页。

生产力的发展而不断发展的动态过程,唯一不变的是国家治理现代化的最终目标即实现人的全面发展,这也是整个社会现代化的最终目标。

二、国家治理现代化的特征

国家治理现代化具有两个显著的特征:一是民主,二是法治。这也是国家治理现代化与传统国家治理的区别所在。国家治理现代化的特征如图3-2所示。

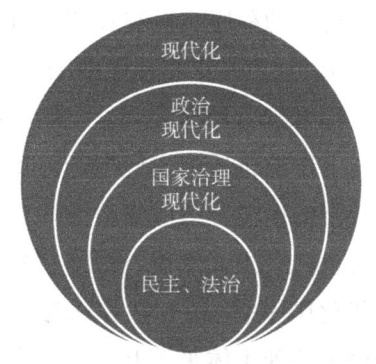

图3-2 国家治理现代化的特征示意

(一)民主

民主是现代国家治理的本质特征,是区别于传统国家治理的根本所在。因而,政治学家通常将现代国家治理称为民主治理。① 现代国家治理要求公共治理和制度安排必须保障主权在民,所有公共政策都要体现人民的意志和人民的主体地位。现代国家治理应是"更少的强制,更多的同意""更少的独断专行,更多的对话协商合作""更少的排斥、歧视,更多的激发权能""寓管理于服务之中"②。

(二)法治

国家治理现代化是一项复杂的政治工程和政治实践,法治是使治理更有

---

① 俞可平:《论国家治理现代化》,社会科学文献出版社2014年版,第4~5页。
② 韩庆祥:《如何破解"分蛋糕"阶段性难题》,《人民论坛》2014年第7期,第27页。

水平的基础。因为法治具有以下基本特征：首先，法治是民主政治发展的产物；其次，法治使得各类社会主体的行为获得确定力、规范力、普遍约束力、社会凝聚力；再次，与人治相比，法的内容不是由统治者意志决定的，而是由社会成员的共同意志决定，法规范一切社会成员的行为，任何个人或组织都超越不了法的规范；最后，与宗教、道德和政策治理相比，法治具有更明确的强制力、更稳定的预期和更广泛的适用性。① 因此，国家治理现代化首先需要法治。

推进国家治理现代化的基本路径是培养法治思维、运用法治方式、提高法治能力。只有在立法、执法、司法、守法的整个过程及其各环节都贯彻法治精神，才能充分发挥法治作用，才能顺利推进国家治理现代化。②

三、我国实现国家治理现代化的路径选择

世界现代化历史进程的经验显示，任何一国的经验都不能成为一种绝对的效仿模式。对于我国来说，要在学习和借鉴世界其他国家的先进经验、吸取其教训的基础上进行社会主义现代化理论及制度的创新，以形成适合中国国情的现代化道路。③

我国追求现代化的历史过程是特殊和曲折的。在中国近代史上，国家的独立自主和经济繁荣意味着现代化，在政治上则实行的是与高度集中的计划经济体制相适应的"管制"模式的全能型政府。改革开放初期，科学进步和经济发达意味着现代化，全能型政府渐渐过渡为以经济建设为中心的发展型政府。改革开放40多年来，我国工业取得了巨大发展，今天已经是一个世界工业大国。工业改革开放的重要启示是，以经济建设为中心固然十分重要，但也必须重视政治、社会、文化的全面进步，否则，它们的落后将反过来阻碍科学的进步、经济的进一步发展。在我国工业、农业、科学技术和国防事业已经位于世界前列的情况下，习近平总书记在党的十八届三中全会上适时提出了"第五个现代化"，即国家治理体系和治理能力的现代化，强调

---

①② 杜飞进：《国家治理现代化的关键》，《人民论坛》2014年第7期，第31页。
③ 郭根山：《毛泽东与中国现代化道路——以世界现代化进程为视点》，中央文献出版社2005年版，第15页。

国家制度的完善。从国家独立到科技进步、经济发展,再到国家制度完善,我国在追求现代化的道路上不断探索、不断进步。①

工业的发展在开始的一段历史时期必然表现为以物质财富为直接目标,但那只是工业化低级阶段的表现。从工业化更高阶段的发展,特别是从其发展的价值观上看,以人为本才是发展的核心价值。因此,通过不断深化改革、扩大开放,实现经济、政治、社会、文化的现代化,最终实现人的全面发展,正是工业化实践所昭示的中国特色社会主义的发展方向。②

立足于我国国情,结合国家治理现代化的内涵特征,我国的国家治理现代化包括民主化、法治化、科学化、制度化、规范化、程序化、高效化等几个基本要求。根据这些要求对社会进行一系列的深化改革:在充分发挥各类治理主体能动性和创造性的基础上,调整社会利益结构,保障公民合法权益,树立现代法治权威,转变政府职能,利用现代科技手段优化社会管理。我国国家治理现代化是要使得国家治理这一上层建筑适应我国工业化进程、市场经济的发展,表现为整个国家和社会处于既充满活力又和谐的状态③,即成为富强、民主、文明、和谐的社会主义现代化国家,最终目标是促进人的全面发展。

第二节　国家治理现代化对税收法治建设的内在要求

2013年11月,党的十八届三中全会通过的《中共中央关于全面深化改革若干重大问题的决定》提出,全面深化改革总目标是完善和发展中国特色社会主义制度、推进国家治理体系和治理能力现代化。2017年10月18日,习近平总书记在《决胜全面建成小康社会,夺取新时代中国特色社会主义伟

---

① 张小劲:《从更长的历史时段来理解"国家治理现代化"论断》,《人民论坛》2014年第4期,第17页。
② 金碚:《大国筋骨——中国工业化65年历程与思考》,广东经济出版社2015年版,第286页。
③ 李忠杰:《治理现代化科学内涵与标准设定》,《人民论坛》2014年第7期,第24页。

大胜利——在中国共产党第十九次全国代表大会上的报告》中提出，从2020年到本世纪中叶，分两个阶段把我国建成社会主义现代化国家。从2020年到2035年，在全面建成小康社会的基础上，基本实现社会主义现代化。表现为：我国经济实力、科技实力大幅跃升，跻身创新型国家前列；人民平等参与、平等发展权利得到充分保障，法治国家、法治政府、法治社会基本建成，各方面制度更加完善，国家治理体系和治理能力现代化基本实现。从2035年到本世纪中叶，在基本实现现代化的基础上，把我国建成富强、民主、文明、和谐、美丽的社会主义现代化强国。表现为：我国物质文明、政治文明、精神文明、社会文明、生态文明得到全面提升，实现国家治理体系和治理能力现代化。① 由此可看出，国家治理现代化是社会主义现代化的重要组成部分，只有实现了国家治理现代化，才能助力实现社会主义现代化。

税收法治建设是依法治国在税收领域的体现，也是国家治理现代化进程中的重要一环。税收法治建设需要符合国家治理现代化对其提出的内在与外在要求，与社会其他方面的改革建设形成合力，共同推进国家治理现代化，并最终实现社会主义现代化目标。国家治理现代化对税收法治建设的内在要求即是对税收法治建设的本质要求，体现为以下三个方面。

一、适应现代生产力的现实需要

根据唯物史观的基本原理，生产力决定生产关系，生产关系必须适应生产力的发展，生产关系是生产力发展的形式，会反作用于生产力。我国社会生产力水平得到了快速提升，而生产关系的发展则滞后于生产力的进步，为避免滞后的生产关系阻碍我国社会生产力继续向前发展，必须对现行的生产关系进行调整。实现国家治理现代化就是国家治理这一重要的社会生产关系适应现代生产力发展的需要，税收法治建设作为国家治理现代化的重要环节，则应运用新的思想观念进行相应的体制、机制改革，以顺应社会生产力的发展。

---

① 习近平：决胜全面建成小康社会，夺取新时代中国特色社会主义伟大胜利——在中国共产党第十九次全国代表大会上的报告，人民网，2017年10月28日。

二、保护纳税人权利

党的十九大报告指出:"发展社会主义民主政治就是要体现人民意志、保障人民权益、激发人民创造活力,用制度体系保证人民当家作主。"国家治理现代化的特征之一是民主,其最终目标是实现人的全面发展。在税收法治建设当中,便要求在税收法治的各个方面切实维护好纳税人权利,使得纳税人的合法权益不被侵害,激发纳税人的创造活力,培育纳税人的主人翁意识。

结合前面内容可知,保护纳税人权利同时也是税收法治的重要内涵,税收法治的五项特征之中不同限度地体现了纳税人权利保护的内容。在国家治理现代化与税收法治自身的双重要求下,保护纳税人权利无疑是税收法治建设的重中之重。

三、实现人的全面发展

人民是历史的创造者,是决定党和国家前途命运的根本力量。党的十九大报告提出:"必须坚持以人民为中心的发展思想,不断促进人的全面发展。必须坚持人民主体地位,践行全心全意为人民服务的根本宗旨,把人民对美好生活的向往作为奋斗目标。"税收法治建设作为国家治理现代化的重要组成部分,应在切实保护纳税人权利的基础上,以实现人的全面发展为最高目标。

第三节 国家治理现代化对税收法治建设的外在要求

国家治理现代化对税收法治建设的外在要求围绕着对税收法治建设的内在要求、本质要求而展开,是国家治理现代化对税收法治建设内在要求的实现形式,具体体现为以下四个方面。

一、树立税收法治权威

从人类社会历史来看,一个国家社会法治化的开启依赖于法律权威理念的形成与传播。洛克、卢梭、孟德斯鸠、潘恩等资产阶级启蒙思想家崇尚法律权威的思想理念对资本主义国家法治的建立与发展产生了十分深刻的影响。资产阶级法治奠基人洛克曾提出"法律一经制订,任何人也不能凭他自己的权威逃避法律的制裁"[1]。法治是一切向市场经济和民主政治转型的国家所面临的现实选择。在法治社会中,法律权威要求非人格化的服从,法律高于权力。[2] 对当代中国社会而言,以树立法治权威来通达现代性是一项待完成的谋划。[3] 我国国家、市场、社会有序发展的障碍因素可以归结为一点,即我国现代国家、市场和社会有效运行的法治基础尚待完善,因此,完善和加强法治权威是贯穿解决我国国家、市场、社会问题的主线。实际上,无论是学界还是治国理政者,对于法治权威的重要性已经达成了共识。[4] 税收法治建设作为依法治国的重要组成部分,也应首先树立相应的法治权威,才能保护纳税人权利,促进国家治理现代化的实现。

二、发挥纳税人的能动性与创造性

"众人的事情由众人商量,是人民民主的真谛。"[5] 按照税收债务说,税收是国民为获得社会公共品而支付的对价。因此,税收法治应是广大纳税人的事,应由纳税人商量而成。税收法治的民主化主要体现于税收立法、税收

---

[1] 王三秀:《法律权威理念与社会法治化进程》,《广西社会科学》2001年第2期,第85~87页。
[2] 王刚:《权威·权力·权利:探索法治的三维建构》,《青海社会科学》1999年第1期,第95~99页。
[3] 吕勇:《法治权威与中国的现代性——兼评当代中国的新权威主义思潮》,《前沿》2015年第12期,第11~18页。
[4] 张明军、易承志:《重构法治权威:中国国家、市场、社会的有序发展之道》,《国际社会科学杂志》2014年第3期,第58~77页。
[5] 习近平:决胜全面建成小康社会,夺取新时代中国特色社会主义伟大胜利——在中国共产党第十九次全国代表大会上的报告,人民网,2017年10月28日。

执法过程当中。税收立法应由人民权力机关行使,在我国即由全国人大及其常委会行使,以征求广大人民的意见,体现全体人民的意志,而不能将税收立法过多地授权给国务院等行政机关。在税收执法过程中赋予纳税人充分的申辩、解释权。税收法治的民主化还应延伸到税款使用的民主决策上,让纳税人自己决定税款的用途。

三、征税机关职能转变为服务机构

政府职能即政府的职责和功能,是指政府该干什么、怎么干以及有何作用。公共服务职能是政府的重要职能。党的十六大以服务型政府的理念来划分政府职能,将政府职能界定为"经济调节、市场监管、社会管理、公共服务"四个方面。[①] 党的十九大报告进一步把转变政府职能定位为深化简政放权,创新监管方式,提高政府公信力和执行力,建设人民满意的服务型政府,简称为"放管服"改革。"放管服"改革将人民群众的需求放在政府改革的中心位置,有效推动政府职能从重审批向强监管、优服务,政府角色由权力主体向责任主体的深刻转变。其中,"服"既是改革手段,也是改革目标,即建设人民满意的服务型政府。[②] 服务是政府行政的灵魂,新形势下,我们必须将这种精神灌注到政府行政工作之中。[③] 在推进国家治理现代化的进程中,关键需要实现政府角色的转型升级。[④] 以人为本,是马克思主义的核心观点,同时,实现人的全面发展是国家治理现代化对税收法治建设的内在要求,在民本思想指导及实现人的全面发展价值指引下,作为政府组成部分的税务机关迫切需要进一步转变职能,从行政管理型转为公共服务型机关。[⑤] 服务型税务机关的建设,明确肯定了纳税人的权利和地位,亦是税务

[①] 顾瞳瞳:《在法治政府框架下进一步转变政府职能》,《行政与法》2015年第6期,第21~30页。

[②] 中国行政管理学会课题组:《深化"放管服"改革,建设人民满意的服务型政府》,《中国行政管理》2019年第3期,第6~12页。

[③] 余顺坤、武晓龙:《经济转型时期地方政府职能如何转变,怎样定位》,《人民论坛》2017年第2期,第60~61页。

[④] 金太军、鹿斌:《社会治理新常态下的地方政府角色转型》,《中国行政管理》2016年第10期,第11~15页。

[⑤] 张李娟:《政府职能转变要顺民心、合民意》,《人民论坛》2016年第10期,第60~61页。

部门和纳税人在权利和义务上的回归，有利于形成新型的税收征纳关系，也有利于纳税人自觉遵从税法，促进税收法治环境的成熟。①

四、利用现代信息技术推进税收法治建设

习近平总书记在致首届数字中国建设峰会的贺信中指出，当今世界，信息技术创新日新月异，数字化、网络化、智能化深入发展，在促进经济社会发展和国家治理体系及治理能力现代化方面发挥着越来越重要的作用。② 信息技术和税收工作相融合，将会为推动税收法治建设提供强大的技术支撑和数据支撑。

第一，现代信息技术将助力税收立法改革，人工智能的运用将破解税法改革难题。作为人工智能驱动力之一的大数据的发展，使得税务机关能够及时、全面地掌握纳税人的收入信息，为个人所得税立法由分类征收模式转向综合分类相结合的征收模式夯实基础。人工智能的发展也为房地产税立法开征创造条件。大数据的使用将加快不动产信息登记的进程，完善纳税人房产信息。大数据及云计算的发展，将助力设计科学的房地产税制度。

第二，云计算和大数据的发展会大幅提升税收征管的信息化水平，从而提高税收征管效率。当前，金税三期工程的建设和应用已取得显著成效，涉税大数据的使用和涉税云服务平台的建设大幅提升了税收征管水平。今后，仍需要借助大数据建立完善的纳税人信息系统，在不侵犯纳税人生活隐私的前提下，搜集、存储并合理合法地对纳税人的财产、收入、消费、投资等经济数据进行对比分析，提升征管效率。③ 另外，通过建立电子考核监控等考核评价和执法过程责任追究体系，可对税收执法权力进行更有效的监督与制约。④

---

① 刘楚汉、王文彦、张木生、张迪恩、刘勇、高培勇、毕志伦、谢圣明、师彭辰、许建国：《探索现代税收服务新方略——湖北国税"建设服务型税务机关"高级研讨会观点摘编》，《中国税务》2003 年第 7 期，第 6 页。
② 习近平：以信息化培育新动能 用新动能推动新发展 以新发展创造新辉煌，人民网，2018 年 4 月 23 日。
③ 葛玉御、宫映华：《借势人工智能，实现税收现代化》，《税务研究》2018 年第 6 期，第 13~18 页。
④ 陈国富：《以信息化为依托，全面推行税收执法责任制》，《中国税务》2008 年第 11 期，第 29 页。

第三,现代信息技术的发展有助于提高涉税裁判的效率,强化对涉税司法的监督。司法机关通过调取中国裁判文书网里相似或相同涉税事件的司法裁判文书,可提高涉税司法裁判适用法律的统一性,并可提高裁判的效率。涉税司法审判文书借助网络技术公开,也可使得涉税司法审判结果实现公开透明,便于接受大众的监督。

第四,人工智能的发展可使纳税人的遵从意识明显改善,纳税遵从度显著提升。借助人工智能开发适合儿童的体验类、互动性的税收游戏,可达到从小培养纳税意识的效果,并借此向社会普及税收常识,提升自觉遵从意识,建设纳税人社会[①],有助于税收法律文化的进步。

应坚持把税收信息化建设作为促进税收法治发展的基础性和战略性工程,积极探索适应国际发展趋势、具有中国特色的税收信息化体系,为税收法治建设插上腾飞翅膀。

[①] 葛玉御、宫映华:《借势人工智能,实现税收现代化》,《税务研究》2018年第6期,第13~18页。

第四章
我国税收法治建设状况及指数化评估

随着自然科学的发展,定量分析方法开始广泛应用于社会科学领域,计算机等技术手段的发展进一步使定量方法得到拓展。在此背景下,法治评估成为精确的科学研究过程,以指数形式进行的不同指标的厘定和分析成为法治评估的重要内容。① 为了准确把握我国税收法治发展的现状与程度,以发现税收法治建设中存在的问题与差距,有必要对我国税收法治发展的状况进行指数化评估。本章将纳税人的税收法治感知度与内、外部评审组对税收法治的评分结合起来,测算出了一个税收法治指数,用以衡量我国税收法治建设的程度。

第一节 我国税收法治建设概况

改革开放 40 多年来,特别是随着"依法治国"基本方略的提出,我国税收法治建设取得了长足发展。根据《中国税务稽查年鉴》《中国统计年鉴》和"北大法宝"数据库的数据来看,我国税收法治建设在税收立法、税收执法、税收司法和税收法律文化四个方面均取得一定成效。

---

① 钱弘道、戈含锋、王朝霞、刘大伟:《法治评估及其中国应用》,《中国社会科学》2012 年第 4 期,第 143 页。

一、税收立法步伐加快,以行政性立法为主

税收立法是指特定的国家机关对有关税收事项制定具有强制执行力的规范性文件,并对其进行修改、补充、解释、废止的活动。① 根据立法机关的不同,可以将税法分为狭义税法和广义税法。狭义的税法指全国人大及其常委会制定的规范性法律文件,即税收法律(狭义的税收法律);广义的税法包括全国人大及其常委会、国务院及各部委、地方人大等制定的规范性法律文件,即税收法律、行政法规、规章等(广义的税收法律)。我国的税法符合广义的税收法律概念,即我国现行的税法体系主要包括宪法、法律、行政法规、地方性法规和地方政府规章。

目前,全国人大及常委会通过的税收法律有九部,近年,税收立法的数量逐渐增加,立法效率也有所提高。自 2016 年以来,《中华人民共和国环境保护税法》《中华人民共和国船舶吨税法》《中华人民共和国车辆购置税法》《中华人民共和国耕地占用税法》《中华人民共和国资源税法》五部税收法律陆续通过并颁布实施。但从总体上来说,我国税收立法的层级不高。

从表 4-1 中可看出,在我国税收立法的类别当中,国务院各机构发布的部门规章数量最多,有 10675 条,占比 96.15%,成为我国税收立法的主要形式。而全国人大及常委会通过的法律目前只有 10 条,占比仅 0.09%;地方性法规只有 43 条,占比为 0.387%。这说明我国目前税收立法以行政机关发布的部门规章、部门规范性文件和地方政府规章为主。

表 4-1　　全国税收法律、法规、规章等件数及占比情况

税收立法类别	件数	百分比(%)
全国人大及其常委会通过的法律[1]	10	0.090
国务院发布的行政法规[2]	21	0.189
国务院发布的规范性文件[3]	100	0.900

---

① 谭志哲:《当代中国税法理念转型研究——从依法治税到税收法治》,法律出版社 2013 年版,第 101 页。

续表

税收立法类别	件数	百分比（%）
国务院各机构发布的部门规章[4]	10675	96.150
地方性法规[5]	43	0.387
地方政府规章[6]	254	2.288
合计	11103	100

注：[1] 通过"中国知网"进入"北大法宝"法律数据库，选择"中央法规"，在"检索"中输入"税"，选定"效力级别"为"法律"，选定"发布部门"为"全国人民代表大会"，选定"时效性"为"现行有效"，检索出 2 条结果：《中华人民共和国企业所得税法》和《中华人民共和国个人所得税法》；进入"北大法宝"法律数据库，选择"中央法规"，在"检索"中输入"税"，选定"效力级别"为"法律"，选定"发布部门"为"全国人民代表大会常务委员会"，选定"时效性"为"现行有效"，检索出 8 条结果，其中《中华人民共和国资源税法》于2020年9月1日实施。检索时间为：2019 年 8 月 29 日。

[2] 进入"北大法宝"法律数据库，选择"中央法规"，在"检索"中输入"税"，选定"效力级别"为"行政法规"，选定"发布部门"为"国务院"，选定"时效性"为"现行有效"，检索出 33 条结果，除去国务院发布的关于修订或废止相关行政法规的通知，剩余为 21 条行政法规（国务院发布的与税相关的实施条例、暂行条例、实施细则）。检索时间为：2018 年 11 月 26 日。

[3] 进入"北大法宝"法律数据库，选择"中央法规"，在"检索"中输入"税"，选定"效力级别"为"国务院规范性文件"，选定"发布部门"为"国务院"，选定"时效性"为"现行有效"，检索出 104 条结果，除去国务院发布的 4 项关于同意设立某地综合保税区的批复，剩余为 100 条规范性文件（国务院发布的规范税收的规范性文件）。检索时间为：2018 年 11 月 26 日。

[4] 进入"北大法宝"法律数据库，选择"中央法规"，在"检索"中输入"税"，选定"效力级别"为"部门规章"，选定"发布部门"为"国务院各机构"，选定"时效性"为"现行有效"，检索出 10675 条结果。检索时间为：2018 年 11 月 26 日。

[5] 进入"北大法宝"法律数据库，选择"地方法规"，在"检索"中输入"税"，选定"效力级别"为"地方性法规"，不选定"发布部门"（即默认包括全国 31 个省及直辖市），选定"时效性"为"现行有效"，检索出 58 条结果，除去内含某些省份发布的"非税收入管理条例"15 条结果，剩余 43 条结果，大多是关于适用税额标准及应税污染物项目数的决定。检索时间为：2018 年 11 月 26 日。

[6] 进入"北大法宝"法律数据库，选择"地方法规"，在"检索"中输入"税"，选定"效力级别"为"地方政府规章"，不选定"发布部门"，选定"时效性"为"现行有效"，检索出 278 条结果，除去内含某些省份发布的保税区规定 15 条结果及非税收入管理办法 9 条结果，剩余 254 条结果，大多是法律、行政法规、部门规章的具体实施细则。检索时间为：2018 年 11 月 26 日。

资料来源："北大法宝"法律数据库，时间截至 2019 年 8 月 29 日。

二、税收执法加强，税务稽查工作成效显著

税收执法是税务机关及其工作人员依照法定职权和程序，主要开展税款征收、管理、稽查等的具体行政行为，是拥有税收执法权的税务机关将国家

意志加于纳税人的行为。① 目前，我国税务稽查机构的整体执法状况较良好，对纳税人税务违法行为的查处能力有所提升，行政成本也有所降低。

（一）税务稽查工作取得实效

从图4-1可看出，2009～2017年，在我国税务稽查机构查处企业税收违法后，企业实际的入库税款略低于稽查机构要求补缴的税款，在2017年差距有所扩大。这说明被查处的企业基本能按稽查机构的要求补缴税款，稽查机构的查处行为达到了较好的效果。

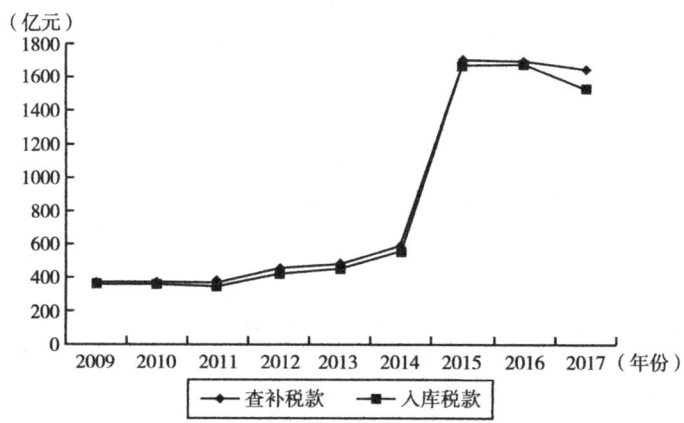

图4-1 2009～2017年我国税务稽查机构查处企业补缴税款
及入库税款税收违法情况

资料来源：《中国税务稽查年鉴》。

2009～2017年，企业存在税收违法问题户数占税务稽查机构检查企业户数的比重连续七年在90%以上，在2014年甚至达到了97%，2017年最低点也在70%以上（见图4-2）。说明在这九年间，我国70%以上的企业都存在税收违法问题，企业税收违法问题严重。另外，税务稽查机构对企业税收违法问题查处后结案的比例较高，基本维持在97%以上。这说明税务稽查机构案件处理能力较强，税收违法问题一旦被发现，便能妥善解决。

---

① 文杰：《创新社会管理在基层税收执法工作中的实践探索》，《税务研究》2011年第10期，第83页。

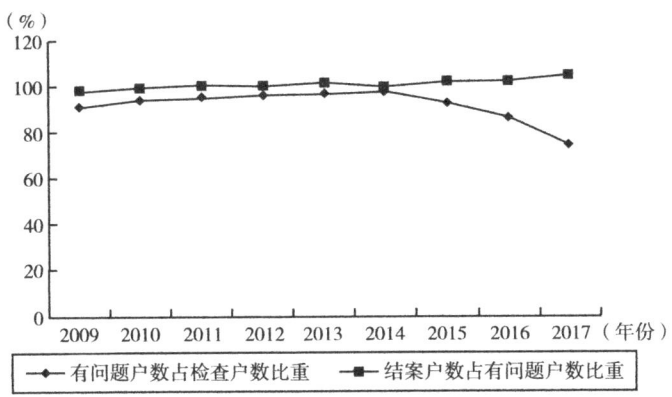

**图 4-2　2009~2017 年我国税务稽查机构检查、查处处理企业税收
违法案件综合占比情况**

注：因一些案件的处理时间比较长，少数年份的结案户数可能将前一年或前几年的结案户数计算在内，导致结案率超出100%的情形。

资料来源：《中国税务稽查年鉴》。

2011~2017年，在我国税务稽查机构的装备配置上，计算机、复印机、传真机等信息化设备呈逐年增加的趋势，而汽车这一传统的交通设备则逐年减少（见图4-3）。这说明税务稽查工作更多地采用现代信息化方式进行，在一定程度上也降低了人力成本。2010~2017年，我国税务稽查人员的配置总数逐年下降，从2010年的8.4万人减少到2017年的约7.9万人（见图4-4）。

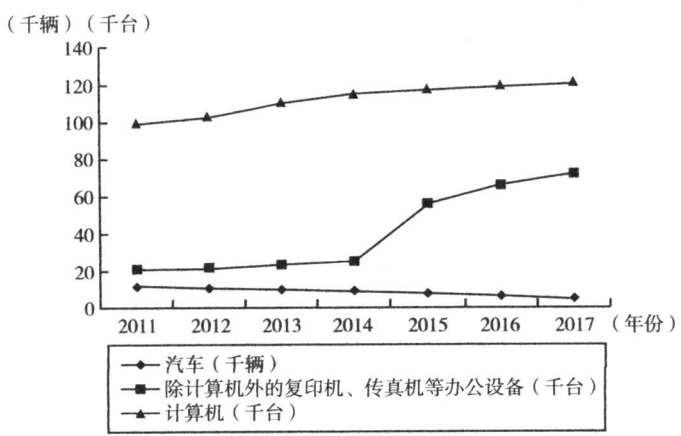

图 4-3　2011~2017 年我国税务稽查机构主要工作装备配置情况

资料来源：《中国税务稽查年鉴》。

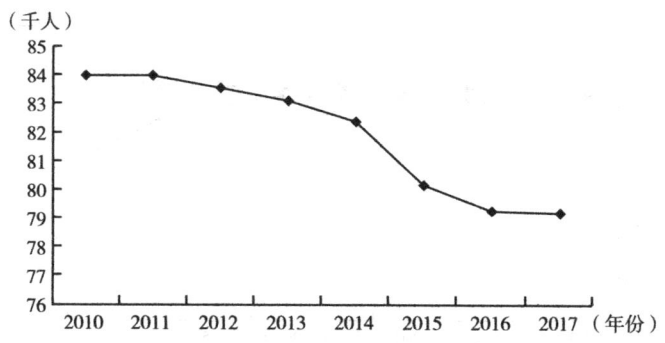

图 4-4　2010~2017 年我国税务稽查人员配置总数

资料来源：《中国税务稽查年鉴》。

（二）违法举报案件查处后的落实较理想

2009~2017 年，在税务机关查处税收违法举报案件后，被查处的纳税人实际补缴的税款、滞纳金占检查未缴的比例基本维持在 80% 左右，补缴的罚款占检查未缴罚款的比例波动较大，从 58% 变化到 85%（见图 4-5）。这说明税务机关对税收违法举报案件的查处总体上取得了较理想的效果，但仍有提升空间，特别是在纳税人实际入库罚款方面。

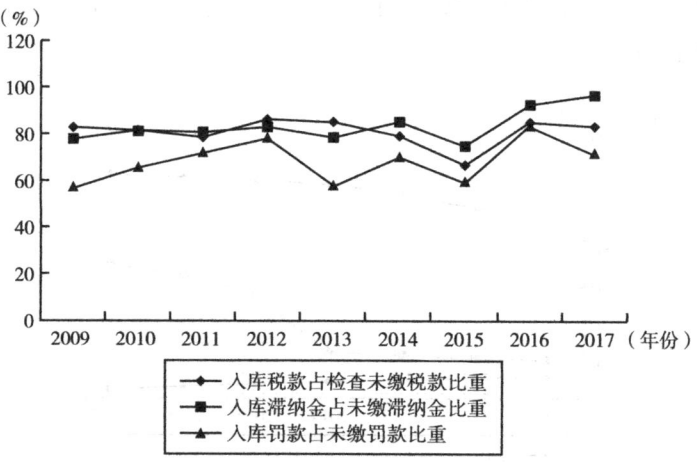

图 4-5　2009~2017 年我国税收违法举报案件查处后入库款占比情况

资料来源：《中国税务稽查年鉴》。

(三) 税务稽查人员整体呈老龄化趋势

2010~2017年，我国35岁以下的税务稽查人员占比均低于20%；35~45岁的税务稽查人员占比从2010年的40%下降到2017年的30%以下；而45岁以上的人员占比则一直处于40%以上，且处于逐年攀升状态（见图4-6）。说明我国税务稽查人员整体向老龄化方向发展。

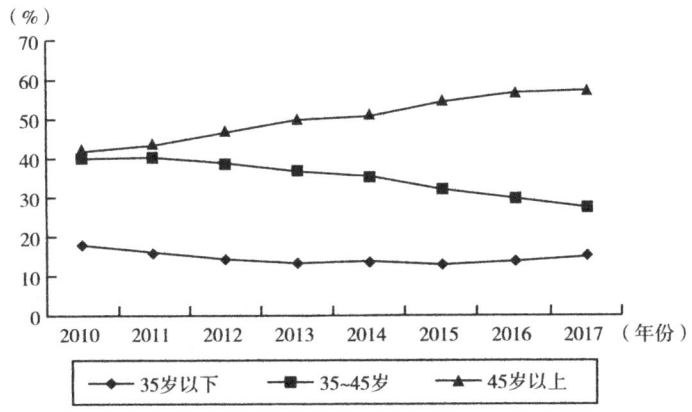

图4-6　2010~2017年我国税务稽查人员年龄结构占比情况

资料来源：《中国税务稽查年鉴》。

三、税务行政诉讼数量少，判决"撤销"比例低

一般认为，税收司法有广义和狭义之分。广义的税收司法指的是国家司法机关，即法院、检察院和公安机关等国家机关在法律规定的职权范围内，依法定程序处理税收刑事诉讼、税收行政诉讼的活动。狭义的税收司法指的是法院依法处理税收行政诉讼的专门活动。[①] 本书所讨论的是狭义的税收司法。自1998年以来，我国税务行政一审案件的结案率一直维持在较高水平，但全国的税务行政诉讼案件量极少，在案件的处理结果中判决撤销税务机关具体行政行为的占比最低。

---

① 谭志哲：《当代中国税法理念转型研究——从依法治税到税收法治》，法律出版社2013年版，第108页。

(一) 税务行政诉讼案件数量少、结案率高

1998~2017年，我国人民法院受理税务行政一审案件数量不多，最多的年份为2100多件，最少的年份只有300件左右。且受理案件的总体数量呈下降趋势，只有2015年和2016年有缓慢上升（见图4-7）。这说明纳税人提起的税务行政诉讼案件量极少，且呈越来越少的趋势。不过，案件一旦由法院受理，基本都能结案，税务行政一审案件的结案率高。

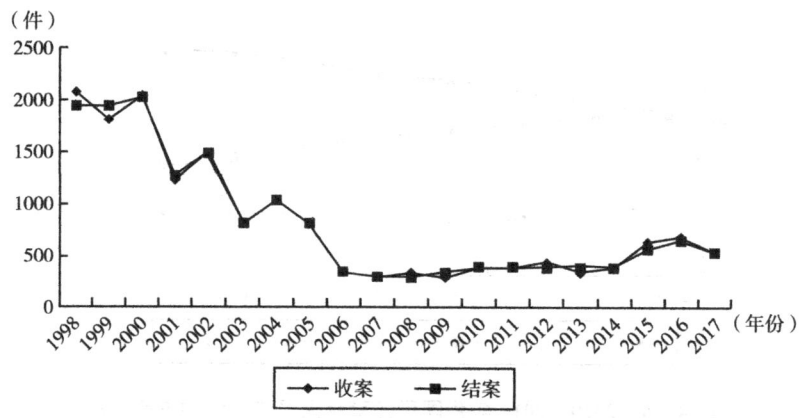

图4-7 1998~2017年我国人民法院审理税务行政一审案件收结案综合情况
资料来源：《中国统计年鉴》。

(二) 税务行政诉讼案件判决"撤销"的比例低

纳税人提起的税务行政诉讼大多数时候是由纳税人自行撤诉而结案，其次是法院作出维持税务具体行政行为的判决，再其次是法院驳回纳税人的诉讼请求，判决结果最少的是撤销税务行政机关的具体行政行为。1998~2017年，我国人民法院审理税务行政一审案件判决"维持"税务具体行政行为的比例在多数年份都高于判决"撤销"税务具体行政行为的比例；纳税人撤诉的比例在税务行政一审案件结案情形中占比最高；法院判决"驳回"纳税人诉讼的比例从2015年开始呈明显上升趋势（见图4-8）。

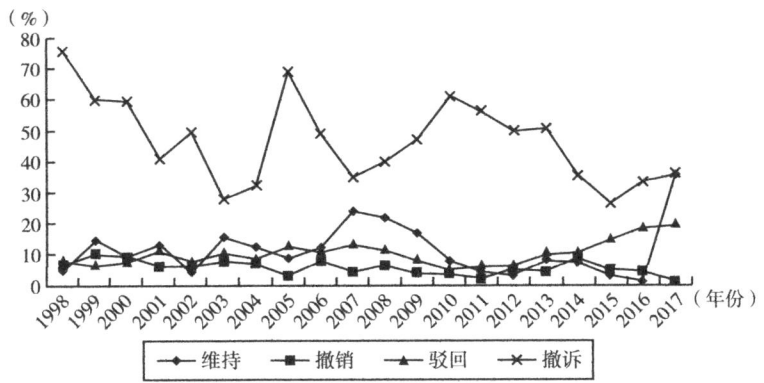

图 4-8 1998~2017 年我国人民法院审理税务行政一审案件
具体结案情形占结案数比重

资料来源：《中国统计年鉴》。

四、部分纳税人逃避纳税严重，私营部门税务违法比例高

(一) 部分纳税人逃避缴纳税款严重

从图 4-9 可知，2009~2017 年，我国税务稽查机构检查企业户数在逐年下降，只在 2017 年有所回升，而检查企业需要补缴的税款总额反而呈上升趋势，且在 2015 年达到一个峰值。这说明我国单个企业逃避缴纳税款的程度呈加重的态势。

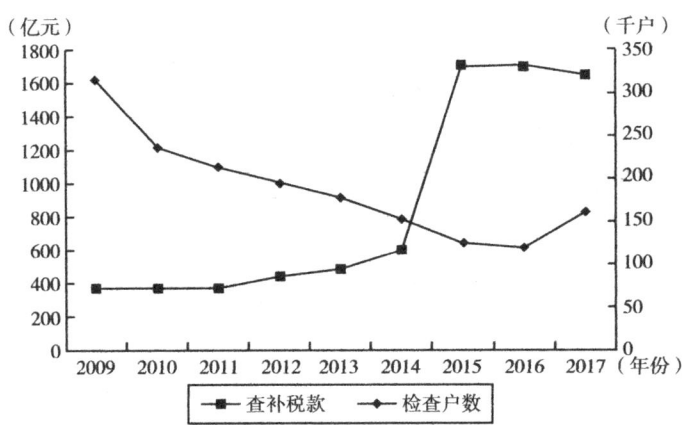

图 4-9 2009~2017 年我国税务稽查机构检查、查处企业税收违法补缴税款情况

资料来源：《中国税务稽查年鉴》。

2009~2017年，在我国税务稽查机关对税收违法举报案件进行检查、查处过程中，未缴税款一直处于高位，2017年将近达到50亿元（见图4-10）。这说明我国纳税人逃避缴纳税款情况较严重。

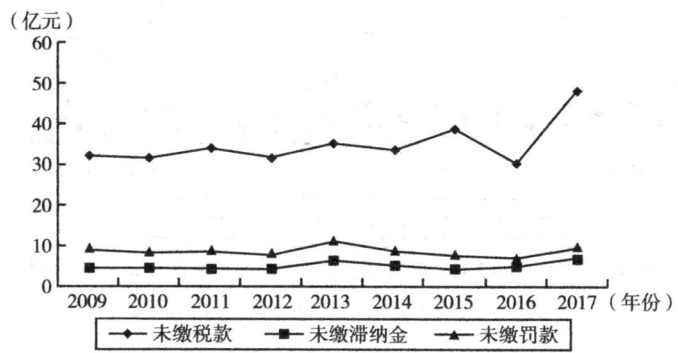

图4-10　2009~2017年我国税收违法举报案件查处未缴款项

资料来源：《中国税务稽查年鉴》。

（二）有限责任公司等私营企业税务违法比例较高

2009~2017年，在企业涉及的税务违法案件中，有限责任公司占比最高，且呈曲折上升趋势（见图4-11）；个体经营户的税务违法比例居第二；私营企业居第三；股份有限公司和港澳台及外商投资企业的税务违法比例比较接近，均较低；税务违法比例最低的是国有企业。这说明有限责任公司、个体经营户和私营企业是税务违法的重灾区。

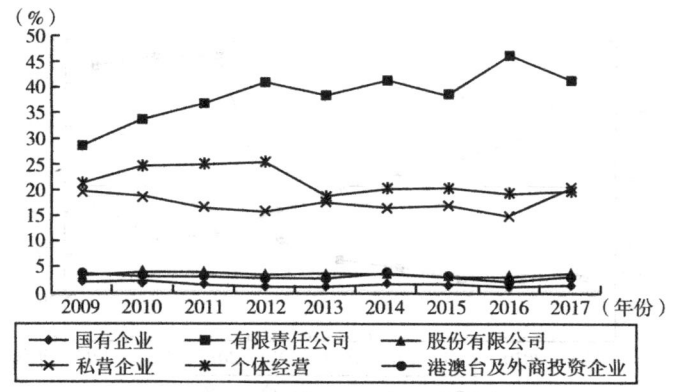

图4-11　2009~2017年我国各类所有制企业被举报税务违法查处案件数占总查处案件数比重

资料来源：《中国税务稽查年鉴》。

(三) 新型税务违法形式占比较高

在被查处的税务违法案件中，"其他违法形式"占税务违法的比例最高，"偷税"行为的占比在 2009~2017 年一直维持在 20%~30%，其次是"不进行纳税申报"的比例，再次是"发票违法"的比例，且其在 2016 年、2017 年呈上升趋势，超过了"不进行纳税申报"的比例。"编造虚假计税依据""逃避追缴欠税"和"骗取出口退税"三种行为占比近似，均较低（见图 4-12）。这说明除了"偷税""不进行纳税申报"和"发票违法"三种常见的税务违法行为之外，还出现了各种新型的税务违法形式，并成为税务违法的主要形式。

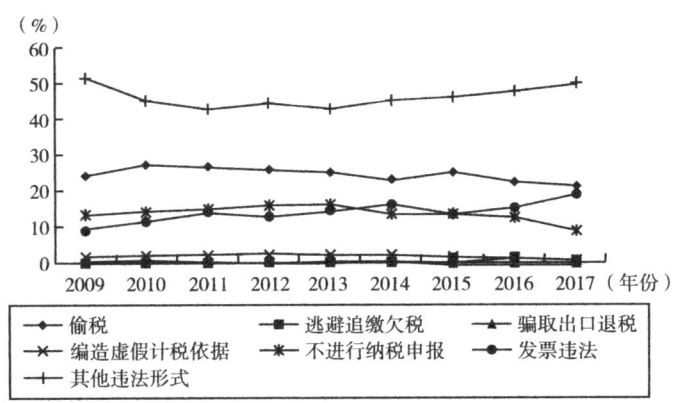

图 4-12 2009~2017 年我国税务稽查机构查处不同形式税务违法案件占总查处案件数比重

资料来源：《中国税务稽查年鉴》。

综上所述，改革开放以来，我国税收立法的步伐有所加快，税务稽查机构的整体执法状况较良好，税务行政一审案件的结案率维持较高水平，但以上数据也反映出我国税收立法、税收执法、税收司法和税收法律文化当中仍然存在一些不足之处。

鉴于上述法律统计数据主要体现的是税收立法、税收执法、税收司法和税收法律文化的某一方面，难以从总体上对我国税收法治建设状况进行评判。因此，本章接下来进一步测算我国税收法治指数，以更为全面地分析、评估我国税收法治建设的状况和程度,力图为我国税收法治建设找准出发点,促使其稳步前行。

第二节 法治指数概述

指数首先出现在经济领域,如最常见的 GDP、CPI 等。政治和法律领域的指数相对较晚出现,只有 20 多年的历史。[①] 法治指数发端于 20 世纪 60 年代西方发达国家的社会指标运动。这次运动主张经济指标不能反映社会发展的全貌,倡导建立多元化的社会指标,以全面监测、评估社会发展状况,衡量社会发展水平,为解决现代化进程中出现的各种社会问题提供经验依据,最终实现提高人们生活质量的目标。此后,幸福指数、贫富指数、民主指数、安全指数等在西方国家逐渐盛行。法治指数在这一趋势中逐渐成为社会指数的重要组成部分,被用以调整微观法治发展对策,明确宏观法治发展方向。[②]

世界上第一个法治指数于 1996 年由世界银行推出。从那时起,自由之家(Freedom House)、贝塔斯曼基金会(Bertelsmann Foundation)也开始衡量世界上主要国家和地区的法治水平。这些法治指数均处于"自由""治理""转型"等一级指标之下,不同限度地存在着内涵狭窄、数据有限等问题。2006 年,美国律师协会发起了一项名为"世界正义工程"的项目,创建了第一个国际法治综合指数——WJP 法治指数(即"世界正义工程"法治指数)。该指数在借鉴现有法治指数的基础上,形成了较为完整的指数构造方法。[③]

法治指数所立足的法治理论,不再是以主观价值观念为中心的传统法治理论,而是以实证为基础的法治理论。实证化的法治理论具有两个基本特征:其一,法治被认为是一种客观的制度现象或制度实践的结果,如政府权

[①③] 孟涛:《法治指数的建构逻辑:世界法治指数分析及其借鉴》,《江苏行政学院学报》2015 年第 1 期,第 122 页。

[②] 付子堂、张善根:《地方法治建设及其评估机制探析》,《中国社会科学》2014 年第 11 期,第 133 页。

力受到限制、基本权利得到保障、争端得到充分解决等。法治并不体现为相关价值理念,而是一系列具体制度或价值理念的实践效果。法治指数指的就是"实践中的法治"。其二,实证主义认为,社会是一个与自然事物相似的、协调的、有序的、相对稳定的"有机体"。实证化的法治也符合这些要求,它是一个内部协调有序的稳定事物,它的组成部分具有互斥性、单项性和穷尽性,不能由不相关甚至互相冲突的成分组成。①

一、我国法治指数的发展概况及特征

(一) 我国法治指数的发展概况

西方法治指数评估的盛行是我国地方法治指数评估兴起的重要因素。我国地方法治指数评估的正当性来自中国社会的逐步理性化。理性化蕴涵着科学与实证精神,具有使社会行为直观化、数字化的特征。对地方法治建设而言,法治指数评估就是促进地方法治建设的直观化、可视化和数字化。通过对地方法治指数评估,建立地方和国家之间的理性互动机制,促进地方治理的科学化、理性化。②

我国在法治评估实践方面,各地方政府将地方法治评估作为地方法治建设的"抓手",进行了一场法治评估"竞赛"。同时,一些智库型科研机构也推出了一系列法治指数、法治政府评估、司法文明指数、司法公信力指数③等测评成果。国内的法治评估实践被一些学者称为国家法治认识的"量化"逻辑阶段。④ 党的十八届三中全会《中共中央关于全面深化改革若干重大问题的决定》中提出:"建立科学的法治建设指标体系和考核标准"。随着《中共中央关于全面深化改革若干重大问题的决定》《中共中央关于全面推进依法治国若干重大问题的决定》等一系列重要官方文件对"法治

---

① 孟涛:《法治的测量:世界正义工程法治指数研究》,《政治与法律》2015年第5期,第16~17页。
② 付子堂、张善根:《地方法治建设及其评估机制探析》,《中国社会科学》2014年第11期,第133页。
③ 王小磊:上海高院召开新闻发布会发布"司法公信力指数",中国法院网,2016年11月4日。
④ 张志铭、于浩:《共和国法治认识的逻辑展开》,《法学研究》2013年第3期,第3页。

评估"的认可与提倡,法治评估将成为法治理论研究及法治实践的重要内容。①

我国地方法治评估表现为从法治绩效评估到法治指标评估的发展过程。法治绩效评估是地方政府通过制订考核标准,对下级政府及其所属行政部门的法治工作进行考核、评价和奖惩的机制。地方政府通过建立以法治为指标的绩效评价体系,即"法治 GDP",来确保法律的实施。法治工作绩效评估的流程是:首先,地方政府制订出详细的法治建设规划和发展方案,确定法治建设的内容和进度;其次,地方政府将法治建设规划纳入相关部门的工作内容,由相关部门实施;最后,通过绩效体系,地方政府监督各部门推进法治建设的进度和效果。法治绩效评估是目前地方政府推进地方法治建设进程的基本途径。实行法治工作绩效评估比较有代表性的地区是长三角和珠三角地区。早在 2004 年,江苏省就颁布了《地方法治建设纲要》,建构了由依法行政评估到法治政府评估的法治评估体系。2008 年,深圳市引入了由中央和地方政府共同开发和推进的法治政府评估体系。此后,一些省区市逐步建立了政府法治评估体系,对地方法治建设成效进行评价。法治绩效评估的对象是政府自身,评价内容是政府依法行政情况,考核结果是对相关部门和责任人进行奖惩。一些地方则采用法治指数来评价政府法治工作绩效。其基本过程如下:一是地方政府依据法治理论和法治精神构建一套法治指标体系;二是运用该指标体系,通过统计学方法对政府的法治建设工作及其成效进行定量评价。法治工作绩效评估侧重于对政府法治建设过程的监察与督促,而法治指数评估更加侧重于法治建设效果的事后评价。目前,法治指数在学术界的倡导较多,在地方法治实践中的应用较少。随着法治指标体系的不断成熟,法治指数将成为地方和国家法治建设评估的重点。②

2006 年,杭州市余杭区作出了建设"法治余杭"的战略决策,提出用量化的指标来评估地区法治化水平。2008 年 6 月 15 日,全国首个"法治指

---

① 王浩:《论我国法治评估的多元化》,《法制与社会发展》2017 年第 5 期,第 6 页。
② 付子堂、张善根:《地方法治建设及其评估机制探析》,《中国社会科学》2014 年第 11 期,第 134~135 页。

数"在余杭诞生。① 余杭法治指数每年进行一次评估，一直延续至今。余杭法治指数的测定对我国其他地区法治实践和法治评估产生了广泛影响。湖北襄阳、云南昆明、四川等地借鉴余杭法治评估的经验，开始探索法治指数的评估。这一新兴的法治实践模式，其意义如下：第一，通过对余杭地区法治指数的评估，发现余杭地区法治建设中存在的问题，为我国其他地区法治建设提供参考与借鉴；第二，创建全民参与法治实践的平台，提升政府官员民主法治意识，提高区域法治文明水平；第三，通过研究余杭法治指数的案例经验，寻找法治发展规律，探寻我国法治发展之路；第四，余杭法治指数及其引发的一系列法治实践，凸显了法治发展的实践路径，促进了法治的定量实证研究。

（二）我国法治指数的特征

我国的法治指数评估实践，经历了立法、司法领域的评估和法治评估的全面探索两个阶段，表现出以下三方面特征。

第一，政府主导。目前，我国法治建设的评价主要以地方政府自我评估为主，包括指标设计、具体组织和评估均在体制内进行。此外，一些地方也尝试进行非官方评估，如浙江省余杭市的法治指数评估、中国社会科学院法学研究所建立的法治指数实验室、中国政法大学的法治政府评估指标体系等。② 但这种非官方化评估的尝试仍屈指可数。

第二，将法治理解为依法行政。除香港和余杭外，其他地区总体上将政府、党委、法院等机关的依法行政行为纳入评估指标体系，而诸如公众参与、民主决策等内容较少出现在指标体系中。党政机关人员的依法行政行为固然是法治的重要内容，但法治的内容较为广泛，需要强调的是，法治的核心理念是以人为本，是以社会和治理对象为本的。目前，法治评估指标的设置存在将法治与依法行政混同，将法治狭义化为依法行政的倾向。

第三，法治评估区域化。目前，我国的法治评估基本上是在各省、市、

---

① 金许斌：“法治指数”倒逼行政改革，余杭让法治成为可度量的指标，浙江即时报，2016年7月12日。
② 付子堂、张善根：《地方法治建设及其评估机制探析》，《中国社会科学》2014年第11期，第138页。

区级政府层面展开，有学者认为，从一定程度上说，地方政府在推进法治建设的过程中存在"县际竞争"的状况。[1] 法治评估的区域化，使得我国各地的法治评估缺乏联动，各地的原始评估数据处于封闭状态而不能被充分利用。

二、我国法治指数的发展趋势

结合对我国法治指数评估概况及特征的分析，本书认为，未来我国法治指数评估应注重发挥民间机构的力量；全面理解法治内涵，构建完善的评估指标体系；整合各地评估数据，构建全国性的法治数据库；拓展法治专项数据分析；以社会主义核心价值观为指导，积极进行国际交流。

第一，国际上法治评估的发起、主持者多为国际组织或者民间组织，其并不为某一特定的政府服务。[2] 我国也需要发挥民间机构的力量进行法治评估，以集思广益，完善法治评估理论及指标体系，多样化评估数据来源，优化评估结果。

第二，法治评估指标体系的设置不应局限于依法行政，应全面理解法治的内涵。根据本书第三章关于法治的论述，认为法治的关键在于使用由全国人民代表大会或全国人民代表大会常务委员会民主决定的法律规范对各种社会关系进行调整和评断，以达到关系顺畅、秩序井然的状态。[3] 依法行政只是法治的其中一方面，法治还包含公民参与、民主决策、法律监督等方面。因此，法治评估指标体系应予以充实，以更全面体现社会的法治发展状况。

第三，我国各地的法治评估在进行的过程中尚未形成法治数据库意识。如果各地的法治评估数据实现联动，便能打破数据的隔离状态，从而可将实施全国性法治评估的数据收集成本化整为零。[4] 待法治评估逐步完善，法治

---

[1] 钱弘道、戈含锋、王朝霞、刘大伟：《法治评估及其中国应用》，《中国社会科学》2012年第4期，第156~158页。
[2] 钱弘道、戈含锋、王朝霞、刘大伟：《法治评估及其中国应用》，《中国社会科学》2012年第4期，第156页。
[3] 刘剑文：《强国之道——财税法治的破与立》，社会科学文献出版社2013年版，第19页。
[4] 张琼：《法治评估的技术路径与价值偏差——从对"世界正义工程"法治指数的审视切入》，《环球法律评论》2018年第3期，第191页。

评估指标体系日趋科学，各地数据联动，形成法治评估数据库，那么实现法治评估的全国化便是水到渠成之事。

第四，我国的法治指数评估实践，经历了立法、司法领域的评估和地方自发的区域评估。未来，除了需要打破地域评估数据的隔离、组合形成全国性评估数据库之外，仍需要拓展更多法治领域的专项数据分析，如税收法治专项数据，以实现在拓展法治评估数据广度的同时增加数据的深度。

第五，我国的各项法治评估都是建立在中国特色社会主义法治建设经验的基础之上。为了更真实地反映我国法治发展状况，我国的法治评估应坚持普遍性和特殊性相结合的原则，在坚持社会主义核心价值观的同时，积极进行国际交流与合作，通过法治评估平台为我国法治建设发声。[①]

第三节　国内外典型法治指数的测算

一、WJP 法治指数的测算

2006 年，时任美国律师协会（ABA）主席、微软公司首席律师诺依康发起了名为"世界正义工程（the World Justice Project，WJP）"的计划[②]，该计划的核心实施者是法治研究联盟（Rule of Law Research Consortium），一个由法学、经济学、政治学、社会学、国际关系和人类学等多个领域的前沿研究人员组成的非官方组织。该联盟利用各种方法和途径进行法治研究，并就如何提高法治水平提出建议，其目的是为全世界的学者和决策者提供关于治理和法治的研究。[③] 自 2008 年 WJP 开始发布第一个国际法治综合评估指数以来，迄今已连续 10 年发布了全球法治指数报告。WJP 法治指数的国际影

[①] 张琼：《法治评估的技术路径与价值偏差——从对"世界正义工程"法治指数的审视切入》，《环球法律评论》2018 年第 3 期，第 189 页。
[②] 黄斌、黄文旭、赵霞：世界正义工程发布 2016 年法治指数报告，凤凰网，2016 年 11 月 2 日。
[③] Rule of Law Research Consortium（RLRC）. word justice project [EB/OL]. https：//worldjusticeproject. org/our－work/research－scholarship，2019－4－18.

响力在逐年提升，评估对象已从首次评估的 6 个国家扩展至 2018 ~ 2019 年的全球 126 个国家。①

（一） WJP 法治指数指标的确定

指数是一种测量方法，首要的事情就是需明确测量的对象是什么，包含哪些内容，也就是界定"法治是什么"。WJP 研究比较了两种最具影响力的法治理论——形式和实质法治理论，参考了权威法治理论家如塔玛纳哈（Tamanaha）、皮文睿（Peerenboom）等的理论，并与 100 多个国家的 17 个专业领域的专家、学者及普通工作者进行了长期探讨②，最终将法治定义为：一个以规则为基础、以四项普遍性原则为支撑的系统。这四项原则分别是：第一，问责制。即政府和私人部门一样，对超越法律之外的行为承担法律责任。第二，公正的法律。即法律明确、公开、稳定，保障公民人身、财产安全等基本权利。第三，开放的政府。即公民可以参与法律的制定与实施过程，公平而高效。第四，争议解决方案是易于获得且公正的。即审判者、其他司法官员和律师人员充足，独立而有德性，及时提供公正的争议解决方案。③这一界定为后续的研究奠定了一个共识基础。

2017 年 WJP 法治指数评估报告显示，法治指数的概念框架分为 9 个一级指标和 47 个二级指标。④2018 ~ 2019 年 WJP 评估报告显示，WJP 法治指数的概念框架进一步分解为 8 个一级指标和 44 个二级指标。⑤由此可见，WJP 的法治指数的指标不是一成不变的，而是根据现实状况而不断调整的。以 2018 ~ 2019 年 WJP 评估报告为例，法治指数的 8 个一级指标分别是：对政府权力的制约、没有腐败、开放的政府、基本权利、秩序与安全、监管执法、民事司法和刑事司法。在每项一级指标下，又分解为 3 ~ 8 项二级指标，共 44 项二级指标。这些一级指标和二级指标共同构成了国际法治的评价体系。需要指出的是，非正式司法因素的数据也被收集，但由于非正式

---

①③⑤ Rule of Law Research Consortium（RLRC）. word justice project ［EB/OL］. https：//world-justiceproject. org/sites/default/files/documents/WJP_RuleofLawIndex_2019_Website_reduced. pdf，2019 - 4 - 18.

②④ 张琼：《法治评估的技术路径与价值偏差——从对"世界正义工程"法治指数的审视切入》，《环球法律评论》2018 年第 3 期，第 172 ~ 173 页。

司法制度在各国的复杂性（如传统、种族和宗教审判的争端解决方式等存在差异①），难以对它在各国之间进行公平、有效的横向比较，因此不包括在指数分数和排名当中。

（二）WJP 法治指数指标权重的确定

WJP 通过向公众和专家发放问卷来收集第一手数据。WJP 针对公众编制了一份公众问卷（general population poll，GPP），针对不同领域的专家群体，WJP 编制了四种不同类型的专业问卷（qualified respondents' questionnaires，QRQ），涵盖民商法、劳动法、公共健康、刑事司法等领域。② 公众问卷和专家问卷这两类问卷的分值权重相等，每份问卷（GPP 问卷和 QRQ 问卷）的调查事项在该份问卷中的权重也都相等。WJP 采取了权重均等分配的方法。③

（三）WJP 法治指数数据的收集

WJP 的原始研究和数据基于世界司法项目法治指数。该指数基于 12 万多户家庭和 3800 多名专家的调查，衡量了全球公众对法治的体验和感受，它是全球领先的独立法治数据来源。

WJP 借鉴世界司法项目法治指数，主要依据两方面的数据来源：一是一般公众调查（GPP），二是专家问卷（QRQ）。WJP 对数据收集的具体步骤如下：首先，指数小组根据法治指数的概念框架编制了五套问卷，并被翻译成若干种文字。其中一套综合调查问卷适用于一般公众，四套专业问卷分别适用于不同领域的专家。其次，该小组在每个被评估国家确定 300 多名专家来答复专家调查问卷，这些专家来自大学、研究机构、医院、律师事务所和其他非政府组织，不包括现任政府官员、法官和检察官。研究小组将问卷发给或者传输给当地专家，并与他们进行持续的互动。另外，研究小组委托各个国家权威的民调机构对普通民众展开调查，由民调机构随机抽取该国三个最

---

① 张琼：《法治评估的技术路径与价值偏差——从对"世界正义工程"法治指数的审视切入》，《环球法律评论》2018 年第 3 期，第 174 页。

② Botero, J. C&Ponce, A. Measuring the Rule of Law [R]. The World Justice Project——Working Papers Series, 2011: 20.

③ 孟涛：《法治指数的建构逻辑：世界法治指数分析及其借鉴》，《江苏行政学院学报》2015 年第 1 期，第 123 页。

大城市的约 1000 人作为样本。调查方法有三种：面对面调查（face‐to‐face，F2F）、电话调查（CATI）和在线调查（ONLINE），均是匿名进行。①此外，还有五个领域的、无法通过社会抽样调查获得的数据由第三方机构提供，它们分别是：恐怖袭击次数和死亡数量（来自 Center for Systemic Peace）、战死的人数和单方暴力造成的伤亡人数（来自 Uppsala Conflict Data Program）以及政变的次数（来自 Center for Systemic Peace）②。

（四）WJP 法治指数的计算

WJP 指数小组将问卷变量编码为数值，接着将收集到的变量数据标准化处理后，采用简单均值法将单个变量汇入 44 个二级指标中，然后进一步通过简单均值法将二级指标的数值聚合为一级指标。在各一级指标获得相应数值后，测算出标准化分数（百分制）并生成最终国家排名。③ 在此过程中，从下往上提炼形成一组数字化的、直观的法治定量结果，替代了抽象的概念化法治。

为了确定数据可能存在的偏差和错误，WJP 将调查结果与从当地和国际组织获得的定量数据及定性评估等第三方信息进行对比，以检验数据的连续性。随后，WJP 与欧盟委员会联合研究中心的计量经济学和应用统计小组合作，对数据进行敏感性分析，以评估统计结果的可靠性。最后，为了说明一个国家的法治在不同年份是否发生了重大变化，进一步观察同一国家不同年份的数据差异、数据的标准差以及 t 检验结果，实现时间序列上的对比研究。④

二、香港法治指数的测算

2005 年，香港社会服务联会倡导并赞助了一项旨在调查及确定香港法治

---

① See the World Justice Project [R]. WJP Rule of Law Index, 2014：171.
② Botero, J. C&Ponce, A. Measuring the Rule of Law [R]. The World Justice Project——Working Papers Series, 2011：20.
③ Rule of Law Research Consortium (RLRC). word justice project [EB/OL]. https：//worldjusticeproject. org/our‐work/research‐and‐data/wjp‐rule‐law‐index‐2019/methodology, 2019‐4‐19.
④ 张琼：《法治评估的技术路径与价值偏差——从对"世界正义工程"法治指数的审视切入》，《环球法律评论》2018 年第 3 期，第 172~173 页。

指数的研究。该研究以体制性的进路，以质化和量化相混合的方法来测算香港地区的法治指数。此次调查结果显示，在及格分为 50 分、满分为 100 分的情况下，香港的法治指数为 75 分。它表明香港的法治水平总体上较为理想，但还有某些方面不尽如人意。①

（一）香港法治指数指标的确定

香港法治指数的七项评价条件是从不同的法治研究著作中归纳出来的，是任何法治实践都不可或缺的七个方面。它们是：法律的基本要求、依法的政府、不许有任意权力、法律面前人人平等、公正地施行法律、司法公义人人可及和程序公义。②

（二）香港法治指数指标权重的确定

香港在确定法治指标权重时采用德尔菲法，将事先设计好的权重评估表及法治条件的说明材料传送给专家进行重要性评价。每位专家评审者需要在评估表的权重一列就法治的七项条件作出 1~10 的比重评分，10 分为最重要。以上过程均以匿名的方式进行。

香港法治指标权重的确定是与法治指标的现状打分一同进行的。每位评审专家对指标的权重进行评分的同时，也对该指标所代表的法治现状水平进行打分，从而通过权重与法治现状得分的乘积得到这一指标的最终得分。③

（三）香港法治指数数据的收集

香港法治指数研究小组将拟定的评估表（包含对权重与现状的评估）以及法治条件的说明材料传送给 19 位行内专家及 11 位外来专家进行评估。每位专家评审者对权重进行评分的同时，按其对香港法治的感知，对香港的法治现状打分（1~100 分，50 分为及格）。研究小组还邀请专家评审者为其所评的分数作一定的解释，以期丰富法治指数的外延。④

---

① 戴耀廷：《香港的法治指数》，《环球法律评论》2007 年第 6 期，第 44 页。
② 戴耀廷：《香港的法治指数》，《环球法律评论》2007 年第 6 期，第 47 页。
③ 戴耀廷：《香港的法治指数》，《环球法律评论》2007 年第 6 期，第 48~50 页。
④ 戴耀廷：《香港的法治指数》，《环球法律评论》2007 年第 6 期，第 49 页。

香港法治指数研究小组除了收集以上行内专家和外来专家的评估数据外,还收集了一系列与法治有关且可量化的法律数据,如罪案率、投诉警察成立的数字、司法复核申请的数字、当值律师服务处理案件的数字等18项数据,这些都是可表示法治实践程度高低的硬数据。另外,指数研究小组也收集了有关公众对法治几方面感知的数据,如"知道如何寻求法律服务帮助自己的市民的百分比""认为他们在被拘捕后会得到公平对待的市民的百分比""市民对司法制度的公正程度的评价"和"市民对香港的法治程度的评价"。①

但是,研究小组认为同一套定量数据可存在不同的解读,不能用来测度法治指数,也不能由公众感知直接得出法治指数的定论。因此,对法治的评估及分析最终有赖于行内专家的认知,外来专家的检视仅作为参考。

(四)香港法治指数的计算

香港法治指数的计算遵循以下步骤:首先,研究小组将19位行内专家对每一法治条件的权重评分和现状评分的最高值及最低值剔除。其次,分别计算行内专家对每一法治条件权重评分的平均值和对现状评分的平均值。再次,计算每一法治条件的权重平均值与七项法治条件权重平均值加总的比重,得到每一法治条件权重的占比。最后,用每一法治条件权重的占比和该法治条件现状得分的乘积进行加总,得出一个百分制的香港法治指数。2005年,将及格分设置为50分、满分设置为100分的情况下,香港的法治指数为75分,总体上较为理想。②

三、余杭法治指数的测算

2006年,时任浙江省委书记的习近平主持召开的省委十一届十次全会审议通过了《中共浙江省委关于建设"法治浙江"的决定》。浙江省杭州市余杭区积极响应,大胆创新,在全国探索区域法治化新路径。2006年4

---

① 戴耀廷:《香港的法治指数》,《环球法律评论》2007年第6期,第48~49页。
② 戴耀廷:《香港的法治指数》,《环球法律评论》2007年第6期,第44~50页。

月,余杭法治建设领导小组与浙江大学光华法学院成立了法治余杭评估体系课题组,并于 2007 年出台"法治余杭"量化评估体系。2008 年 6 月,余杭发布了内地首个法治指数,目前已连续 11 年对"法治指数"进行了评估和发布,被称为我国基层法治建设的"试验田",为全国法治建设提供经验。①

(一) 余杭法治指数指标的确定

余杭法治指数的九项指标是余杭区委和法学理论与实践专家通过经验判断,反复讨论,并结合德尔菲专家评价法得出来的。② 这九个方面分别是"民主执政优化""建设法治政府""司法公正权威""法律服务完善""市场规范有序""民众尊崇法治""全面协调发展""社会平安和谐""监督力量健全"。③ 以上九个方面的指标分别适用于区级机关、乡镇机关和农村社区三个层面。④

(二) 余杭法治指数指标权重的确定

余杭法治指数依据的数据有四类来源:一是内部组评审数据;二是外部组评审数据;三是群众满意度调查数据;四是专家组评审数据。余杭在内外评审组对法治指数进行评估时,采用德尔菲法确定法治指标权重,即采用匿名的方式将权重打分表通过信函传送给内外组评审人员进行重要性评价,打分表采用的是 1~10 的绝对数值形式。同时,评审人员需要对权重评分作适当的解释,这在一定程度上提高了权重设置的精准度。普通公众调查问卷及专家评审组对法治指数进行评估时,则采用的是平均赋权法,即调查问卷每项或每个指标的权重相等。⑤

---

① 范建荣:《余杭用法治指数推进区域法治建设》,余杭晨报,2016 年 1 月 29 日,第 06 版。
② 钱弘道、戈含锋、王朝霞、刘大伟:《法治评估及其中国应用》,《中国社会科学》2012 年第 4 期,第 150 页。
③ 钱弘道:《2012 年度余杭法治指数报告》,《中国司法》2013 年第 11 期,第 33 页。
④ 钱弘道、戈含锋、王朝霞、刘大伟:《法治评估及其中国应用》,《中国社会科学》2012 年第 4 期,第 147 页。
⑤ 钱弘道:《2012 年度余杭法治指数报告》,《中国司法》2013 年第 11 期,第 32~35 页。

(三) 余杭法治指数的数据收集

余杭与香港一样，同时收集了定量数据和社会调查数据。定量数据主要是能够反映余杭地区法律实践的客观数据，如完善民主政治、政府依法行政相关案件、司法公平正义相关案件、全民素质提升四个方面的部分或相关数据。收集的社会调查数据包括五大类：一是余杭区政府机关内部的自评数据；二是群众满意度问卷数据；三是内部评审组数据；四是外部评审组数据；五是专家评审数据。

余杭将定量基础数据和余杭区政府机关内部自评数据视为测定法治指数的重要参考和辅助依据，未直接作为计算依据。其只采用了群众满意度问卷数据、内部评审组数据、外部评审组数据和专家评审数据四类社会调查数据对法治指数进行测定。

2012年，余杭课题组随机抽取了不同年龄、身份和不同文化程度的各阶层民众进行调研，共收到有效的群众满意度调查问卷2587份。课题组向余杭区党委、人大、政府、司法机关和律师事务所中直接参与法律工作的人员发放调查问卷（包括对权重和实施情况的评分），形成一个内部组大样本，然后随机抽取其中20名人员的问卷进行统计。同时，课题组抽取不直接参与余杭区政法机关工作，但对余杭法律事务较为了解的群体代表组成外部评审组，对其发放问卷（包括对权重和实施情况的评分），形成一个外部组大样本，也随机抽取其中20名人员的问卷进行统计。接着，课题组向国内外有较高知名度的19位法学家呈送或寄送调查问卷材料，形成专家组评审数据。[①]

(四) 余杭法治指数的计算

首先，余杭将收集到的群众满意度数据通过加权平均的方式得到一个总分；其次，将内部组、外部组评审人员对余杭法治九个方面进行的权重加权平均分和实施情况加权平均分结合起来，计算出每个指标的得分，将九个指标的得分进行第二次加权平均，计算出内部组、外部组的两个评分；再次，

---

① 钱弘道：《2012年度余杭法治指数报告》，《中国司法》2013年第11期，第30~35页。

计算专家对每一指标的加权平均分,并将九个指标的加权平均分第二次做加权平均,得出专家组的评分;最后,课题组分别对以上四类社会调查数据进行主观赋权,群众满意度数据的权重为35%,内部组和外部组数据的权重为35%,专家组数据的权重为30%。各类数据的权重与最后得分的乘积加总,最终得到一个百分制的余杭法治指数。① 2017 年度余杭的法治指数为78.7分,从 2007 年的 71.6 分到 2017 年的 78.7 分,余杭的法治指数在 11 年间稳步上升。

第四节 我国税收法治指数的构建与测算

一、税收法治指数的概念及意义

(一) 税收法治指数的概念

法治指数因评估的对象或范围不同而有所不同。一般情况下可将法治指数区分为综合法治指数和类别化法治指数,前者如香港、余杭等地测算的法治指数,后者如政府法治指数、司法指数等。② 从我国法治指数评估的实践来看,由于我国各地的法治发展水平存在差异,推行一套普遍适用的综合法治指数比较困难,因此,类别化指数研究可能成为我国法治指数研究的"先声"。税收法治指数指的是对一个国家或地区的税收法治现状及其程度的量化评估,是法治指数在税收这一专项领域的适用与延伸,与立法、司法领域指数评估一样,属于类别化的法治指数。

指数评估经由经济领域、管理领域等发展至法治领域的路径说明,指数评估存在可被复制的技术性要素。在评估对象和领域发生改变的情况下,指数评估所蕴含的技术手段是不变的。工具属性的技术本身不具有价值观,因而可以被不同领域使用。基于此,通过对 WJP 法治指数、香港法治指数、余

---

① 钱弘道:《2012 年度余杭法治指数报告》,《中国司法》2013 年第 11 期,第 35 页。
② 汪全胜、黄兰松:《我国法治指数设立的规范化考察》,《理论学刊》2015 年第 5 期,第 104 页。

杭法治指数技术经验的筛选,可为税收法治指数的评估提供捷径①,从而为我们运用税收法治大数据进行税收法治规律的探索和预测打开一扇门。

(二) 税收法治指数的意义

对税收法治指数进行评估的意义主要体现在以下几个方面。

首先,对我国税收法治指数进行评估,可在目前我国地方法治指数评估的基础上,增加我国法治指数的多维研究,拓展我国法治指数研究的深度。未来,将地方法治指数与各维度专项法治指数结合起来考量,可更加客观、全面地反映我国社会法治发展状况。这也是结合我国法治现状,创新法治评估模式的需要。

其次,在国际法治评估话语体系不断影响我国经济社会发展的情况下,我国应结合实际,构建自己的评估话语体系,积极应对国际法治评估话语的挑战。税收法治评估则是构建我国法治评估话语体系的重要组成部分。

再次,对我国税收法治指数进行评估,也可为我国目前优化税收营商环境提供一种宏观解决思路,而不仅仅局限于减税降费、优化纳税服务和征收管理等微观政策方面。税收法治指数获得提升,有利于我国吸引外资,提高综合实力和国际竞争力。

最后,税收法治评估可以成为当前推进税收制度改革的一个重要手段。随着税收制度深化改革的难度加大,从社会管理技术层面推进的税收法治评估更容易被利益相关方所接受,有利于推进税收法治建设。税收法治评估的特点是民众的广泛参与,这契合了国家治理现代化的相关要求,可推进国家治理现代化的实现。

二、税收法治指数指标的构建

从理论上讲,一个事物的各种指标应该具备四种性质:完备性、单项性、互斥性和互换性。完备性意味着将各种指标综合起来,能够涵盖事物指

---

① 张琼:《法治评估的技术路径与价值偏差——从对"世界正义工程"法治指数的审视切入》,《环球法律评论》2018年第3期,第172页。

涉的所有内容。单项性意味着每个指标所指向的都是同一事物。例如，在法治指数指标中不能加入离婚率、居民人均可支配收入等指标，因为它们指向的不是法治。互斥性指的是各指标之间不存在包含与被包含的关系。例如，如果犯罪指数同时包括走私犯罪、走私文物犯罪等指标，则不符合互斥条件。互换性指的是代表各种指标的行为应该与代表该事物的行为一致。如果一个国家的法治指数较高，那么该指数每个指标的得分也相应较高，两者呈正相关。[1]

  税收法治指数是对税收法治理念的指数化塑造，首先要对税收法治的内涵进行准确理解，接着对税收法治进行概念化界定，形成一套具有完备性、单项性、互斥性和互换性的指标体系。结合本书第二章阐释的税收法治的实质体系构成及税收法治的内涵，即使用全国人大或全国人大常委会民主决定的税收良法，在税收立法、税收执法、税收司法整个过程中规范政府权力，维护纳税人权利，全社会形成税法权利本位的税收法治观念，可将税收法治的指标设定为税收良法、税务机关依法征税、税收司法独立且权威、有限的政府权力、纳税人依法纳税五个方面。该指标体系与税收法治的实质构成体系基本是一致的。

（一）税收良法

  税收良法具体包括：第一，税收立法的民主性。税收立法权由立法机关统一行使，在我国即主要由全国人大及其常委会行使。税收立法的各个环节，如立法提案的起草、立法草案的征求意见、立法出台前的讨论和修改等，都体现了纳税人的意志。第二，税收法律的公平性。立法机关制定出来的税收法律规范对不同的纳税人来说是公平的。第三，税收立法的普遍性。所有涉税事项，特别是政府涉税行为，都被纳入进了税收法律规范。第四，税收立法的科学性。税收法律规范的要素齐备，结构完整，内容确定，语言文字精确，不存在歧义。

（二）税务机关依法征税

  税务机关依法征税主要包括：第一，良好的纳税服务。税务机关向纳税人提供便捷、高效的纳税服务。第二，征税程序规范。税务机关依法定程序进行

---

[1] 孟涛：《法治指数的建构逻辑：世界法治指数分析及其借鉴》，《江苏行政学院学报》2015年第1期，第124页。

涉税事项审批、税务评估、纳税信用等级评定等工作；严格税务稽查，实施税务检查不干扰纳税人的正常生产经营；第三，征税结果公正。税务机关在税收征管过程中平等地对待每一位纳税人，在行使自由裁量权时不存在显失公平的情形。

(三) 税收司法独立、权威

税收司法独立、权威主要包括：第一，税收司法的独立性。在税务行政诉讼和税务刑事诉讼过程中，司法机构和法官在适用法律和事实认定上只服从法律，不受其他行政机关、社会团体或个人的外在压力影响。第二，税收司法的公平性。法院作出的涉税判决对当事各方来说是公平合理的，不存在争议。第三，税收司法的权威性。法院对各类税务纠纷作出的最终判决是最权威的判决，当事各方均严格遵守和执行。

(四) 有限的政府权力

有限的政府权力主要包括两个方面的内容：第一，政府通过税收进行经济宏观调控而修改、新设税法规范，受税法的民主性所规限，需经由全国人大或全国人大常委会通过，以征求纳税人意见，取得广大纳税人同意。第二，政府在纳税人监督下支出税款。

(五) 纳税人依法纳税

纳税人积极主动申报纳税，逃税规模小。

这五项指标综合起来能够涵盖税收法治所涉的全部内容，具有完备性；它们指向的均是税收法治，具备单项性；且它们的内容是相互独立的，不存在相互涵括或重叠的关系，具备互斥性。[①] 这五项指标符合指标体系的一般要求。

三、税收法治指数的测算

本节结合内、外部评审组的评审数据与普通公众调查问卷数据，对税收法治进行评估，进而测算出我国当前的税收法治指数。内、外部评审组指的

---

① 有学者指出，对税收法治指数指标的理解应从法哲学角度予以细化。

是相对于普通纳税人而言,对税收法治更为了解的专业人员。

(一) 内、外部评审组的评审结果及分析

本节吸收借鉴我国香港和余杭两地对法治指数测算的经验,采用内、外部评审组评审的方式作为测算我国全国性的税收法治指数的一部分。

1. 内、外部评审组问卷的收集。

首先,借鉴香港法治指数的数据收集方法,设计了一个《税收法治评估表》(见表4-2),表4-2中列出了税收法治的五项指标。为检视这些指标是否是适当的税收法治指标,本书邀请了24位直接参与税收法治运作的人士作为内部组评审人员,包括税收执法人员、法官、检察官和律师;同时,还邀请了21位不直接参与税收法治运作但较为了解税收法治的人士作为外部组评审人员,包括法学教授、税务系教授和法学院学生、税务系学生。内、外部组评审人员对表4-2中列明的五项指标分别作出1~10的重要性程度评分(1分为"不太重要",10分为"非常重要",指五项指标分别对于税收法治的重要性程度)。同时,邀请内、外部组评审人员结合我国税收法治现状,对每项税收法治指标的实施现状进行打分(0~100分,50分为及格)。评审人员可为所给的分数作适当精简的解释,以期丰富税收法治评估的外延。

通过微信和发送邮件的方式向以上分布于北京、上海、广东、浙江、山东、江西、四川等省市的共45位内、外部组评审人员传送《税收法治评估表》及评估说明等材料(见附录1)。内、外部组评审人员的评估结果在2019年3月至4月期间陆续收回。

表4-2　　　　　　　　　　税收法治评估

指标	重要性程度 1(不太重要)→10(非常重要)	分数 (100分制)
税收良法		
税务机关依法征税		
税收司法独立、权威		
有限的政府权力		
纳税人依法纳税		

2. 内、外部评审组问卷的分析及得分。

通过内部组评审人员反馈回来的数据可计算出税收法治指数每项指标的

加权平均重要性和加权平均分数,进而将每项指标的加权平均重要性和加权平均分数结合起来,可计算出每项指标的得分,再将所有五项指标的得分加总起来便得到内部组评审人员的评估结果。运用同样的计算方法,可得出外部组评审人员的评估结果。具体计算内、外部评审组分数的步骤如下。

(1) 计算每一税收法治指标重要性程度的加权平均值。

首先,从各税收法治指标($i, i = 1, \cdots, 5$)所得的重要性程度分数中,选取最高及最低的分数,即 $w_{highest,i}$ 和 $w_{lowest,i}$:

$$w_{highest,i} = \max(w_{1i}, \cdots, w_{ni}) \quad (4-1)$$

$$w_{lowest,i} = \min(w_{1i}, \cdots, w_{ni}) \quad (4-2)$$

其次,把最高及最低的重要性程度分数剔除,将余下分数作一简单的平均数,得出每一指标的加权平均值 $\widetilde{w}_i$:

$$\widetilde{w}_i = \frac{\sum_{n=1}^{n} w_{ni} - w_{highest,i} - w_{lowest,i}}{n-2} \quad (4-3)$$

(2) 计算每一税收法治指标的现状得分加权平均值。

首先,从各税收法治指标($i, i = 1, \cdots, 5$)所得现状分数中,选取最高及最低的得分,即 $f_{highest,i}$ 和 $f_{lowest,i}$:

$$f_{highest,i} = \max(f_{1i}, \cdots, f_{ni}) \quad (4-4)$$

$$f_{lowest,i} = \min(f_{1i}, \cdots, f_{ni}) \quad (4-5)$$

其次,把最高及最低的得分剔除,将余下分数作一简单的平均数,得出每一指标分数的加权平均值 $\widetilde{f}_i$:

$$\widetilde{f}_i = \frac{\sum_{n=1}^{n} f_{ni} - f_{highest,i} - f_{lowest,i}}{n-2} \quad (4-6)$$

(3) 把各税收法治指标的重要性程度加权分数和现状加权分数组合起来,得出税收法治评估分数。

首先,就各税收法治指标以该程序计算一个重要性程度的比重:

$$\widetilde{\widetilde{w}}_i = \frac{\widetilde{w}_i}{\sum_{i=1}^{5} \widetilde{w}_i} \quad (4-7)$$

其次，以此程序计算一个加权的税收法治评估分数：

$$\tilde{\tilde{f}} = \sum_{i=1}^{5} \tilde{\tilde{w}}_i \tilde{f}_i \qquad (4-8)$$

每项指标的重要性程度分数与现状分数在加权后，再将所有指标的这两项加权值以式（4-7）和式（4-8）的计算方式组合起来，便分别得出了内部评审组和外部评审组的税收法治分数（见表4-3）。

表4-3 税收法治指标的重要性程度、现状分数的加权值及结果

税收法治指标	内部评审组		外部评审组	
	重要性程度	分数	重要性程度	分数
	1~10	0~100	1~10	0~100
税收良法	8.43	64.32	8.22	72.11
税务机关依法征税	8.60	69.55	8.29	73.44
税收司法独立、权威	8.07	67.14	8.18	68.26
有限的政府权力	7.79	62.50	8.10	64.53
纳税人依法纳税	8.45	66.36	8.27	70.24
税收法治分数（0~100）	66.03		69.75	

从以上评估结果可看出，外部评审组人员对税收法治各指标给的现状实施分数均高于内部评审组。外部评审组给予"税务机关依法征税"的评价最高，为73.44分；给予"有限的政府权力"的评价最低，为68.26分。与外部评审组一致，内部评审组给予"税务机关依法征税"的评价最高，为69.55分；给予"有限的政府权力"的评价最低，为62.5分。不过，内、外部组的最低评分都远高于50分这个合格分数。从整体上来说，税收法治实施现状处于良好状态。

关于重要性程度，内部评审组给予每个指标的加权平均值在7.79分以上，外部评审组给予每个指标的加权平均值都超过了8分，表明他们认为税收法治评估表中列明的所有指标都是重要的。同时，也说明本节选取的税收法治指标是适当的。

接近半数的内部评审人员及外部评审人员为他们的评分作出了说明。为了更深入地把握他们对税收法治评分的意思，本节对他们的说明作了进一步的分析。大多数评审者认为税收法治评估表中的税收法治指标都很重要，但

实施现状有待完善。具体来说，有内部评审者认为，税收良法是税收法治的基础，他们认为出现重复征税问题及纳税人遵从度不高的重要原因在于目前的税收立法并未达到良法的水平；同时，他们认为部分企业的赋税较重。另有内部评审者认为，目前部分税务机关对于偷漏税的查处和减免税的执行随意性比较大，未完全依法进行；一些纳税人自觉纳税的意识不强，需要靠国家强制力以保障税收收入。有外部评审者认为，有关指标重要性程度的内容属于应然层面的税收法治理念，在实然层面，特别是公民纳税意识和有限政府方面与应然层面存在相当大的差距。还有外部评审者认为，公民对税收法治的知情权和参与决定权最为重要，只要民主参与、制度合理、执行合规，必然会有好的纳税遵从。

（二）普通民众问卷的收集和得分

目前已有的法治评估大多采取对目标群体进行随机抽样的方式，如 WJP 法治指数赋予群众调查数据 50% 的权重，余杭法治指数赋予群众调查数据 35% 的权重。香港法治指数也做了市民对法治主观观感的统计，虽然香港法治指数的测算最终未采纳公众观感的数据，但其仍认为公众对法治的态度是决定一个社会法治程度高低的一个因素。税收法治是一项具有价值判断的评估对象，对其进行客观性评价存在一定限度。因此，税收法治指数的测定方法应尽量科学。为了保证税收法治评估的科学性和可靠性，本节亦通过普通民众调查问卷的方式获取第一手数据。

1. 普通民众调查问卷的设计。

税收法治感知度指的是普通民众（主要是纳税人）对我国税收法治实施现状的一种主观观感，可在很大程度上体现我国税收法治建设水平。本节在参考了现有相关研究测量量表，如多地税务局纳税人满意度问卷调查①及居民政府规模偏好问卷调查②，并反复听取专家意见的基础上设计量表和问卷。

---

① 国家税务总局广西壮族自治区税务局：纳税人满意度调查问卷（2017），国家税务总局广西壮族自治区税务局官网，2017 年 10 月 14 日；玉环县国家税务局：纳税人满意度问卷调查，玉环县国家税务局官网，2019 年 5 月 13 日。

② 陈力朋、刘华、徐建斌：《税收感知度、税收负担与居民政府规模偏好》，《财政研究》2017 年第 3 期，第 97~110 页。

鉴于普通民众和纳税人对税法专业知识的了解有限，在调查问卷中设计在形式上与内、外部评审组的指标相区别的税收法治一级指标和二级指标，以便他们更好地理解问卷题项。问卷制作完成后，进行了小范围的预调查，随后根据预调查的情况对问卷进行了修改、完善，最后进行正式的问卷发放与收回。其具体步骤如下：首先，研读文献、进行实地访谈。查阅文献，检索出与本节研究相关的文献，关注已被证实具有较高信度和效度的量表，参考在江西省税务局办税服务大厅、南昌市税务局办税服务大厅以及南昌市红谷滩税务局办税服务大厅对纳税人的访谈信息和在江西财经大学蛟桥园校区周边对个体工商户的访谈信息，形成问卷初稿。其次，与专家学者交流、讨论。笔者向税务专家和法学专家多次请教、讨论，调整确定问卷内容，形成问卷二稿。最后，进行小范围预调查。在问卷正式发放前，笔者先进行了小样本预调查，删除不合适的题项，完善答案选项，并形成问卷终稿（见附录2）。

为了尽量避免答题者的主观偏差，本节采取了一些克服办法，具体如下：第一，为了减少答题者由于不能正确理解题项的真实含义带来的偏差，笔者综合了专家及部分纳税人的意见设计问卷，对问卷进行反复修改，力图使题项能反映待测量变量的同时，在表述上简单明了。第二，为了消除答题者的疑虑，笔者在调查问卷的开篇卷首阐明了调研的性质、目的，并提出了保密声明，明确问卷结果仅作学术研究用。

问卷题项的设置如下：第一，按照本书第二章分析的税收法治的形式构成体系，将税收法治感知度分解为四个维度，即税收立法感知度、税收执法感知度、税收司法感知度和税收法律文化感知度。这四个维度可视为税收法治感知度的一级指标。第二，四个维度的税收法治感知度分别对应2~8个问题题项，即总共对应16个题项，这16个题项可视为税收法治感知度的二级指标。每个维度税收法治感知度所对应的问题题项由税收法治的实质构成体系衍生而来，是对税收法治实质构成体系的一种问题化表达，以契合调查问卷的形式。第三，采用李克特五点量表法，为每个问题题项设置答案，答案形式如"完全不了解""比较不了解""一般""比较了解""完全了解"等，程度由浅到深。第四，对答案作从1~5的赋值。以上述答案形式为例，"1"表示"完全不了解"，"5"表示"完全了解"，数值越大，了解程度越高。第五,设置身份、受教育程度、收入水平、年龄等题项,并对其答案进行赋值。第六,因该调查问卷同时用于第五章分析纳税人权利保护程度对税收法治感知度的影响效应,因此,在问卷中设置了纳税人宪法性权利保护程度、实体性权利保护程度和程序性保护程度三项解释变量的题项及答案(见表4-4)。

表4-4　　　　　　　税收法治感知度的主要变量定义与说明

变量名称	变量符号	变量说明	赋值①
税收立法感知度	Sslf	您对涉及自身税务事项的税收法律、法规、规章、规范性文件等政策性规定了解吗	1~5分别表示"完全不了解""比较不了解""一般""比较了解""完全了解"
		您对2019年1月1日实施的新个人所得税法的态度	1~5分别表示"非常不满意""比较不满意""不确定""比较满意""非常满意"
		您对立法机关拟制定房地产税法的态度	1~5分别表示"完全不赞同""比较不赞同""无所谓""比较赞同""完全赞同"
税收执法感知度	Sszf	纳税人对税务局的综合纳税服务、涉税审批、税务评估、纳税信用等级评定、税务检查、税务稽查、税务行政复议和税务局工作人员廉洁自律八个方面的评价	1~5分别表示"非常不满意""比较不满意""不确定""比较满意""非常满意"
税收司法感知度	Sssf	您认为涉税司法审判的程序规范吗	1~5分别表示"非常不规范""比较不规范""不确定""比较规范""非常规范"
		您对涉税司法审判结果的评价	1~5分别表示"非常不公正""比较不公正""不确定""比较公正""非常公正"
税收法律文化感知度	Ssfw	您认为大多数人愿意纳税吗	1~5分别表示"非常不愿意""比较不愿意""不确定""比较愿意""非常愿意"
		您认为政府愿意公开税款支出情况吗	

① 表中仅列出代表性答案的赋值。

续表

变量名称	变量符号	变量说明	赋值
纳税人宪法性权利保护程度	Nsxf	您对立法机关制定税收法律法规时公开征求意见的效果评价	1～5分别表示"非常不满意""比较不满意""不确定""比较满意""非常满意"
		您对税款的支出受到纳税人监督的评价	
纳税人实体性权利保护程度	Nsst	您认为现行税收法律法规对不同的纳税人公平吗	1～5分别表示"非常不公平""比较不公平""不确定""比较公平""非常公平"
纳税人程序性权利保护程度	Nscx	纳税人对纳税事项的知情权、纳税信息保密权、税收监督权、延期申报和延期缴纳税款权、陈述与申辩权、税收法律救济权六项程序性权利受保护的感知度	1～5分别表示"完全不了解""比较不了解""一般""比较了解""完全了解"
			1～5分别表示"非常不满意""比较不满意""不确定""比较满意""非常满意"
			1～5分别表示"非常不便利""比较不便利""不确定""比较便利""非常便利"
			1～5分别表示"完全不赞同""比较不赞同""无所谓""比较赞同""完全赞同"
答卷人身份	Djsf	您的身份	1表示"自然人纳税人"、2表示"企业一般办税人员"、3表示"企业财务负责人"、4表示"企业法定代表人"、5表示"其他"
教育水平	Educ	您的最高学历	1～5分别表示"初中及以下""高中/中专""大专""本科""研究生"
收入水平	Inco	您平均每月的收入水平（元）	1～5分别表示"3000及以下""3001～5000""5001～8000""8001～12000""12000以上"①

---

① 陈力朋、刘华、徐建斌：《税收感知度、税收负担与居民政府规模偏好》，《财政研究》2017年第3期，第101页。

续表

变量名称	变量符号	变量说明	赋值
年龄	Age	您的年龄	1~5分别表示"18~24岁""25~34岁""35~44岁""45~54岁""55~65岁"①
性别	Gend	您的性别	1表示"男",2表示"女"

其中,内、外部评审组中的"税收良法"指标与普通民众调查问卷当中的税收立法感知度相契合,"税务机关依法征税"指标与税收执法感知度相对应,"税收司法独立、权威"指标与税收司法感知度相符,"有限的政府权力"指标可分别对应于税收立法感知度和税收法律文化感知度,"纳税人依法纳税"指标则归入税收法律文化感知度。

2. 普通民众调查问卷的收集。

高质量的数据样本是实证分析的前提。笔者借助"腾讯问卷"软件制作电子问卷形式,通过微信平台将电子问卷发放至朋友圈、微信群、QQ群,收回问卷266份;再借助"腾讯问卷"平台的网络调查,收回问卷1976份,以上一共收回问卷2242份。被调查者所处地域范围覆盖了江西、广东、山东、江苏、河南、河北等27个省区市。笔者在对调查问卷进行整理汇总过程中,对答题时间过短、连续多个题目答案相同以及人口统计学变量存在矛盾的问卷(如"身份"勾选了"自然人纳税人",而"收入水平"在5000元以下),统一认定为无效问卷并予以剔除,最后获得有效样本1854份,有效样本率为82.69%。需要说明的是,笔者在问卷发放过程中,为了保证问卷的质量和回收率,采用了有偿填写的方式。该调查从2018年10月开始进行问卷设计,到2019年4月数据收集完毕,历时近半年。

3. 调查数据的信效度分析。

(1)信度检验。信度即测量的可靠性指标,是指运用同样的方法对同一事物进行重复测量时,得到结果是一致性和稳定性的指标(Babbie,1998)②,具体来说,就是数据反映事物真实情况的程度。信度分析的常用方

---

① 陈力朋、刘华、徐建斌:《税收感知度、税收负担与居民政府规模偏好》,《财政研究》2017年第3期,第101页。

② Babbie, E. The practice of social research [M]. Wadsworth Publishing Company, 1998.

法有重测信度、复本信度、分半信度和克隆巴赫系数（Cronbach – alpha，C – alpha）四种（后两种可视为内部一致性信度）。其中，克隆巴赫系数是社会科学研究中最常用的信度分析方法，信度系数0.6以上是可以接受的最小信度，如果低于0.6，就要考虑重新设计问卷。[1] 本节的信度分析，也主要采用克隆巴赫内部一致性系数来考察纳税人权利保护程度、税收法治感知度及其各维度的信度。

本节使用SPSS 22.0对问卷进行信度检验。首先对总量表进行检验，然后将总量表中关于税收法治感知度的题项归纳为分量表1，将关于纳税人权利保护程度的题项归纳为分量表2，分别进行检验，检验结果见表4 – 5。对总量表进行信度检验的结果为 $\alpha=0.950$，分量表1的 α 值为0.923，分量表2的 α 值为0.900。一般来说，总量表的信度系数大于0.8则意味着问卷信度较高。[2] 本节问卷信度检验的结果无论是总量表还是分量表，其信度系数均在0.8以上，证明该问卷具有较高的可靠性。

表4 – 5　　　　　　　　问卷的信度检验结果

类别	Cronbach's α	项目数
总量表	0.950	24
分量表1	0.923	15
分量表2	0.900	9

（2）效度检验。效度即测量的有效性指标，是指问卷中各题项能够准确测出所要研究内容的程度。[3] 测量结果与研究内容越一致，效度越高，反之亦然。效度有三种类型：内容效度、准则效度和结构效度。内容效度指的是问卷所设置的题项能否代表所要测量的内容或主题。一般采用专家或研究者评判的逻辑分析方法对内容效度进行评价。准则效度指的是量表所得到的数据和被选择的准则变量的值相比是否有意义。在调查问卷的效度分析中，选择一个合适的准则通常十分困难，由此限制了这种方法的应用。结构效度是

---

[1] 孟涛：《国际法治评估的种类、原理与方法》，《清华法治论衡》2015年第2期，第363 ~ 365页。

[2] 刘学宗、张建、于书彦：《关于量表的信度和效度》，《首都医科大学学报》2001年第4期，第314 ~ 317页。

[3] 黄秋波：《服务业与服务贸易论丛》，浙江大学出版社2016年版，第162页。

指测量结果体现出来的结构与研究者设计问卷时假设的结构之间的对应程度。通常采用因子分析方法对结构效度进行评价。本节主要是对问卷的内容效度和结构效度进行评价。

首先，笔者充分参考了以往学者的研究成果及部分纳税人的访谈信息，经仔细推敲，形成问卷初稿。随后经多位专家的筛选和修改，并通过预调查对题项及题项语句进行修正，确保正式问卷具有良好的内容效度。

其次，本节通过 SPSS 22.0 对问卷进行结构效度检验。结构效度的衡量指标有四个：KMO 值、Bartlett 检验、累积方差贡献率和载荷系数。KMO 值是用于比较变量间简单相关系数和偏相关系数的指标；Bartlett 检验用于说明原始变量间是否相关；累积方差贡献率用于说明所有公因子对因变量的解释能力，累积方差贡献率越大，解释力越强；载荷系数用于表示各原始变量（题项）与各因子的相关程度，系数越大，关系越强。一般认为，当某一问卷同时具备 KMO 值大于 0.6、Bartlett 检验的 P 值小于 0.05、累积方差贡献率大于 60%、载荷系数大于 0.4、则该问卷具有较好的结构效度。

如表 4-6 所示，问卷经过 KMO 检验得到的值为 0.968，说明变量间的相关性很强，适合作因子分析；Bartlett 球形度检验的 P 值为 0，说明原始变量之间相关，适合作因子分析；累积方差贡献率为 71.745%，表明问卷中公因子对因变量的解释能力较强；各原始变量在因子上的载荷系数最低为 0.514，均大于 0.4，说明各原始变量与各因子的相关性较强。通过以上对结构效度度量指标的综合分析，可说明该问卷具有较好的结构效度。

表 4-6 问卷的结构效度检验结果

KMO 和 Bartlett 检验	取样足够度的 Kaiser - Meyer - Olkin 度量	0.968
	Bartlett 球形度检验的 P 值	0.000
累积方差贡献率		71.745%
载荷系数		≥0.514

4. 调查数据的分析与计算。

将收集到的 1854 份数据导入 Stata 15.0，输出主要变量的描述性统计结果（见表 4-7）。其中，纳税人宪法性权利保护程度、实体性权利保护程度及程序性保护程度的描述性统计结果将在第五章中使用。

表4-7　　　　　　　变量的描述性统计结果

变量名称	样本数	最小值	最大值	均值	标准差
税收立法感知度	1854	1	5	3.19	0.84
税收执法感知度	1854	1	5	3.45	0.83
税收司法感知度	1854	1	5	3.60	0.91
税收法律文化感知度	1854	1	5	3.27	1.05
纳税人宪法性权利保护程度	1854	1	5	3.50	1.02
纳税人实体性权利保护程度	1854	1	5	3.40	1.11
纳税人程序性权利保护程度	1854	1	5	3.43	0.82
答卷人身份	1854	1	5	2.54	1.64
教育水平	1854	1	5	3.19	1.06
收入水平	1854	1	5	2.55	1.20
年龄	1854	1	5	2.04	0.94
性别	1854	1	2	1.30	0.46

利用描述性统计结果中税收法治感知度四个一级指标（变量）的均值，采用插值法计算出每个变量的百分制分数。再借鉴WJP法治指数的测算过程，对税收法治感知度的四个一级指标采取权重均等分配的方式。最后通过加权平均的方法，计算出税收法治感知度的总分数，为67.55分（见表4-8）。其中，纳税人对税收司法感知度的评分最高，对税收立法感知度和税收法律文化感知度的评分偏低。

表4-8　　　　　　　税收法治感知度分数

变量名称	均值	最大值	分数（百分制）	税收法治感知度分数
税收立法感知度	3.19	5	63.8	67.55
税收执法感知度	3.45	5	69	
税收司法感知度	3.60	5	72	
税收法律文化感知度	3.27	5	65.4	

（三）税收法治指数的计算

本节借鉴WJP法治指数对公众问卷和专家问卷的赋权方法，赋予内、外部评审组问卷50%权重，税收法治感知度普通民众调查问卷50%权重。结合内、外部评审组问卷的评分及税收法治感知度分数,计算得出我国税收法治指数的总分为 67.73 分。具体计算过程如图 4-13 所示。

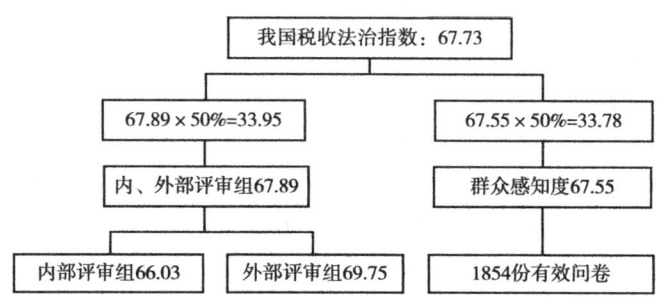

图 4-13　我国税收法治指数的计算

第五节　结　　论

改革开放以来,我国税收立法的步伐有所加快,税务稽查机构的整体执法状况较良好,税务行政一审案件的结案率维持较高水平,但也存在一些问题。为了进一步反映我国税收法治建设全貌。本章选取内、外评审组及普通公众调查问卷的第一手数据对税收法治进行量化评估,测算出我国当前的税收法治指数为 67.73 分(50 分为及格分,100 分为满分),超过及格分近 18 分,属于较高得分,这表明我国税收法治建设取得了一定成绩。不过,在内、外部评审组的评审中"有限的政府权力"评分最低,而"有限的政府权力"指标主要对应于税收立法感知度和税收法律文化感知度;同样,在群众调查中,纳税人对税收立法感知度和税收法律文化感知度的评价也较低。因此,在完善我国税收法治建设过程当中,应着重对税收立法和税收法律文化加以改进,以补齐短板。

| 第五章 |

纳税人权利保护程度对税收法治的效应分析

国家治理现代化要求税收法治建设在切实保护纳税人权利的基础上，以实现人的全面发展为最终目标。长期以来，国内外学者多仅从理论上探讨纳税人权利保护及纳税人权利保护与税收法治的联系。纳税人权利对税收法治有何影响及影响程度如何，则需要进一步予以分析和证实。本章从纳税人的主观角度出发，利用第四章所获得的微观调查数据，实证分析纳税人宪法性权利保护程度、纳税人实体性权利保护程度和纳税人程序性权利保护程度分别对税收立法感知度、税收执法感知度、税收司法感知度和税收法律文化感知度的影响。

第一节 数据与计量模型

一、数据来源与说明

本章涉及的问题为居民的税收法治感知度，研究中所采用的变量为税收立法感知度、税收执法感知度、税收司法感知度和税收法律文化感知度等数据信息，无法从公开披露的资料信息中获取。因此，本章采用调查问卷的方式，通过向居民发送问卷，进行大样本数据收集。数据的来源与说明具体见第四章。

二、变量定义与描述性统计分析

(一) 变量定义

本章的被解释变量是税收法治感知度,用以度量居民主要是纳税人对我国税收法制建设程度的主观感知。为了测量纳税人的税收法治感知度,本章从"税收立法感知度""税收执法感知度""税收司法感知度"和"税收法律文化感知度"四个维度来加以度量。具体而言,通过问卷"您对涉及自身税务事项的税收法律、法规、规章、规范性文件等政策性规定了解吗?""您对2019年1月1日实施的新个人所得税法的态度""您对立法机关拟制定房地产税法的态度"问题的回答来度量纳税人的"税收立法感知度";通过纳税人对税务局的综合纳税服务、涉税审批、税务评估、纳税信用等级评定、税务检查、税务稽查、税务行政复议和税务局工作人员廉洁自律八个方面的评价来度量纳税人的"税收执法感知度";通过"您认为涉税司法审判的程序规范吗?""您对涉税司法审判结果的评价"问题的回答来度量纳税人的"税收司法感知度";通过"您认为大多数人愿意纳税吗?""您认为政府愿意公开税款支出情况吗?"问题的回答来度量纳税人的"税收法律文化感知度"。问卷采用李克特五点量表法,设置了五类答案,如"完全不了解""比较不了解""一般""比较了解""完全了解"或"非常不满意""比较不满意""不确定""比较满意""非常满意"等表述,并对上述五类答案依次赋值为"1""2""3""4""5",其中"1"表示"完全不了解""非常不满意","5"表示"完全了解""非常满意"。[1] 因此,数值越大,表示纳税人对税收法治的感知度越高,我国税收法治的建设程度越良好。

本章的核心解释变量是纳税人权利保护程度,笔者将其分解为"纳税人宪法性权利保护程度""纳税人实体性权利保护程度"和"纳税人程序性权利保护程度"三个解释变量,分别用以度量纳税人对自身宪法性权利保护、实体性权利保护和程序性权利保护程度的感知情况。具体而言,本章通过问

---

[1] 陈力朋、刘华、徐建斌:《税收感知度、税收负担与居民政府规模偏好》,《财政研究》2017年第3期,第101页。

卷"您对立法机关制定税收法律法规时公开征求意见的效果评价""您对税款的支出受到纳税人监督的评价"问题的回答来度量纳税人对自身"宪法性权利保护程度"的感知度；通过"您认为现行税收法律法规对不同的纳税人公平吗？"问题的回答来度量纳税人对其"实体性权利保护程度"的感知度；通过纳税人对纳税事项的知情权、纳税信息保密权、税收监督权、延期申报和延期缴纳税款权、陈述与申辩权、税收法律救济权六项程序性权利受保护的评价来度量纳税人对其"程序性权利保护程度"的感知度。此处同样采用李克特五点量表法，设置了五类答案，要求被调查者在"完全不了解""比较不了解""一般""比较了解""完全了解"或"非常不满意""比较不满意""不确定""比较满意""非常满意"五个选项之间进行选择。①

此外，为了实证分析需要，本章还采集了被调查者的个体特征信息作为控制变量，如"身份""教育水平""收入水平""年龄"和"性别"等信息。主要变量的名称与说明见第四章。

（二）描述性统计分析

从各主要变量的描述性统计结果（见表4-7）可以看出，纳税人对"税收立法感知度""税收执法感知度""税收司法感知度"和"税收法律文化感知度"评价的均值分别为3.19、3.45、3.60和3.27，这在一定程度上说明纳税人对我国税收法治建设的现状还是比较认可的，但税收法治建设水平离"5"所表示的良好水平还有较大差距。此外，纳税人的"宪法性权利保护程度""实体性权利保护程度"和"程序性权利保护程度"的均值分别为3.50、3.40和3.43，与税收法治感知度的均值相接近，这表明虽然我国纳税人的权利得到了一定程度的保护，但与权利保护的理想水平仍有很大距离。

三、计量模型的设定

本章的被解释变量是税收法治感知度（SSFZ），它是一个有序离散变量，

---

① 陈力朋、刘华、徐建斌：《税收感知度、税收负担与居民政府规模偏好》，《财政研究》2017年第3期，第101页。

取值范围为 1~5。为了实证分析纳税人权利保护程度对税收法治感知度的影响,本章构建以下 Ordered Probit 计量模型:

$$SSFZ_i = \alpha_0 + \alpha_1 nsxf_i + \alpha_2 nsst_i + \alpha_3 nscx_i + \beta\chi_i + \mu_i \quad (5-1)$$

其中,$nsxf_i$ 表示被调查者 i 的"纳税人宪法性权利保护程度";$nsst_i$ 表示被调查者 i 的"纳税人实体性权利保护程度";$nscx_i$ 表示被调查者 i 的"纳税人程序性权利保护程度";χ_i 为一组控制变量,包括被调查者的身份、教育水平、收入水平、年龄和性别;μ_i 是与解释变量无关的随机扰动项。

第二节 实证结果与分析

一、基本估计结果与分析

本节采用逐步回归的方法进行估计,以使回归结果更为稳健可信。具体回归结果见表 5-1 至表 5-4。

表 5-1 至表 5-4 分别报告了纳税人权利保护程度对税收立法感知度、税收执法感知度、税收司法感知度和税收法律文化感知度的回归结果。基于比较分析的需要,模型(1)、模型(6)、模型(11)、模型(16)报告的是在未控制任何变量的情况下,纳税人宪法性权利保护程度分别对税收立法感知度、执法感知度、司法感知度和税收法律文化感知度的估计结果;模型(2)、模型(7)、模型(12)、模型(17)报告的是在未控制任何变量的情况下,纳税人宪法性权利保护程度和纳税人实体性权利保护程度分别对税收立法感知度、执法感知度、司法感知度和税收法律文化感知度的估计结果;模型(3)、模型(8)、模型(13)、模型(18)报告的是在未控制任何变量的情况下,纳税人宪法性权利保护程度、实体性权利保护程度和程序性权利保护程度分别对税收立法感知度、执法感知度、司法感知度和税收法律文化感知度的估计结果;模型(4)、模型(9)、模型(14)、模型(19)则加入了教育水平和收入水平变量;模型(5)、模型(10)、模型(15)、模型(20)则进一步加入了年龄、性别和答题者身份等控制变量。

表 5-1 的估计结果显示,随着控制变量的依次加入,纳税人宪法性权

利保护程度、实体性权利保护程度和程序性权利保护程度的估计系数都呈下降趋势，但是，它们在模型（1）至模型（5）中均在1%的水平上显著为正。这表明纳税人宪法性权利保护程度、实体性权利保护程度和程序性权利保护程度的估计结果是比较稳健的，同时也说明这三方面纳税人权利保护程度对税收立法感知度具有显著的正向影响，即对纳税人的宪法性权利保护程度、实体性权利保护程度和程序性权利保护程度越高，纳税人的税收立法感知度也越高。这是因为，纳税人权利保护程度越高的纳税人，其参与税收法律法规、政策制定过程的机会更多，获知税收法律及政策规定的途径更为广泛，他们越能在日常生活中感知到各类税收法律法规及政策的变动。

另外，在模型（4）和模型（5）中，教育水平的估计系数在1%的水平上显著为正，这表明教育水平对纳税人的税收立法感知度具有显著的正向影响，即纳税人的受教育水平越高，其对税收立法的感知度越高。这主要是因为受教育水平较高的纳税人具备一定的知识水平去了解税收法律法规及其制定程序，而且他们具有较高的权利意识，关注并参与税收法律法规制定的主观意愿更为强烈。

收入水平的估计系数在模型（4）中在1%的水平上显著为正，在模型（5）中在5%的水平上显著为正，这表明收入水平对纳税人的税收立法感知度具有显著的正向影响，即纳税人的收入水平越高，其对税收立法的感知度越高。这是因为，税收法律法规的变动往往对收入水平越高的纳税人影响更大，他们更有动力去了解或参与税收法律法规的修订与变动。

表5-1　　　纳税人权利保护程度对税收立法感知度的回归结果

解释变量	被解释变量：税收立法感知度				
	模型（1）	模型（2）	模型（3）	模型（4）	模型（5）
Nsxf	0.4897 *** (0.0278)	0.3413 *** (0.0321)	0.1576 *** (0.0348)	0.1709 *** (0.0349)	0.1767 *** (0.0351)
Nsst		0.2425 *** (0.0296)	0.0744 *** (0.0319)	0.0839 *** (0.0324)	0.0842 *** (0.0325)
Nscx			0.6118 *** (0.0522)	0.5618 *** (0.0527)	0.5561 *** (0.0529)

续表

解释变量	被解释变量：税收立法感知度				
	模型（1）	模型（2）	模型（3）	模型（4）	模型（5）
Educ				0.1351*** (0.0240)	0.1235*** (0.0243)
Incom				0.0653*** (0.0220)	0.0506** (0.0238)
Age					0.0375 (0.0288)
Gend					0.1168** (0.0529)
Djsf					-0.0646*** (0.0137)
N	1854	1854	1854	1854	1854
Wald chi^2	309.31	350.56	432.65	458.76	500.97
Prob > chi^2	0.0000	0.0000	0.0000	0.0000	0.0000
Pseudo R^2	0.0471	0.0565	0.0797	0.0869	0.0900

注：①括号内是稳健标准误；② ***、**、*分别表示在1%、5%和10%的水平上显著。

从表5-2的估计结果可以看出，随着控制变量的逐步加入，纳税人宪法性权利保护程度、实体性权利保护程度和程序性权利保护程度的估计系数都略微下降，但是，它们在模型（6）至模型（10）中均在1%的水平上显著为正。这表明纳税人宪法性权利保护程度、实体性权利保护程度和程序性权利保护程度的估计结果是比较稳健的，同时也说明这三个方面纳税人权利保护程度对税收执法感知度具有显著的正向影响，即对纳税人的宪法性权利保护程度、实体性权利保护程度和程序性权利保护程度越高，纳税人的税收执法感知度也越良好。本节认为，得到纳税人权利保护程度越高的纳税人，其在税务机关对税收的征管、稽查等过程中便越能感受到便捷、高效、公平，他们对税务机关的执法感知度便越趋于良好。

此外，教育水平的估计系数在模型（10）中不显著，收入水平的估计系数在模型（9）和模型（10）中均不显著。这表明教育水平和收入水平对税收执法感知度不具有显著影响。本节认为，这主要是由于教育水平和收入水平越高的纳税人一般通过单位或公司代扣代缴的方式缴税,或由公司财务人员缴税,他们直接接触税务机关税收征管等行为的机会不多,对具体的税收征管、稽查等行为了解不多。

表5-2 纳税人权利保护程度对税收执法感知度的回归结果

解释变量	被解释变量:税收执法感知度				
	模型(6)	模型(7)	模型(8)	模型(9)	模型(10)
Nsxf	0.7948***	0.5833***	0.3367***	0.3403***	0.3408***
	(0.0327)	(0.0355)	(0.0378)	(0.0376)	(0.0378)
Nsst		0.3950***	0.1568***	0.1591***	0.1575***
		(0.0306)	(0.0333)	(0.0335)	(0.0334)
Nscx			0.9965***	0.9811***	0.9776***
			(0.0646)	(0.0654)	(0.0653)
Educ				0.0434*	0.0406
				(0.0248)	(0.0254)
Incom				0.0147	0.0204
				(0.0214)	(0.0237)
Age					-0.0087
					(0.0274)
Gend					0.0834
					(0.0513)
Djsf					0.0015
					(0.0140)
N	1854	1854	1854	1854	1854
Wald chi^2	591.22	667.33	768.37	803.03	816.18
Prob > chi^2	0.0000	0.0000	0.0000	0.0000	0.0000
Pseudo R^2	0.0788	0.0967	0.1386	0.1391	0.1393

注:①括号内是稳健标准误;② ***、**、*分别表示在1%、5%和10%的水平上显著。

表5-3的估计结果表明,随着控制变量的逐步加入,纳税人宪法性权利保护程度、实体性权利保护程度和程序性权利保护程度在模型(11)至模型(15)中均在1%的水平上显著为正。这意味着纳税人宪法性权利保护程

度、实体性权利保护程度和程序性权利保护程度的估计结果是比较稳健的，同时也说明这三个方面纳税人权利保护程度对税收司法感知度具有显著的正向影响，即对纳税人的宪法性权利保护程度、实体性权利保护程度和程序性权利保护程度越高，纳税人的税收司法感知度也越良好。本节认为，得到纳税人权利保护程度越高的纳税人，其在涉税司法审判的过程中越不会受偏待，对涉税司法审判的结果越满意，因此，他们对税收司法的感知度便越趋于良好。

表5-3　纳税人权利保护程度对税收司法感知度的回归结果

解释变量	被解释变量：税收司法感知度				
	模型（11）	模型（12）	模型（13）	模型（14）	模型（15）
Nsxf	0.7198*** (0.0337)	0.5180*** (0.0372)	0.2810*** (0.0412)	0.2818*** (0.0414)	0.2769*** (0.0415)
Nsst		0.3648*** (0.0323)	0.1419*** (0.0350)	0.1411*** (0.0352)	0.1386*** (0.0351)
Nscx			0.8953*** (0.0603)	0.8890*** (0.0614)	0.9022*** (0.0617)
Educ				0.0579** (0.0269)	0.0487* (0.0273)
Incom				-0.0199 (0.0227)	-0.0011 (0.0243)
Age					-0.0676** (0.0281)
Gend					0.0624 (0.0532)
Djsf					-0.0275* (0.0148)
N	1854	1854	1854	1854	1854
Wald chi^2	456.20	522.07	678.50	673.96	686.41
Prob > chi^2	0.0000	0.0000	0.0000	0.0000	0.0000
Pseudo R^2	0.1095	0.1343	0.1896	0.1903	0.1917

注：①括号内是稳健标准误；②***、**、*分别表示在1%、5%和10%的水平上显著。

从表 5-4 的估计结果可以看出，随着控制变量的逐步加入，纳税人宪法性权利保护程度、实体性权利保护程度和程序性权利保护程度在模型（16）至模型（20）中均在 1% 的水平上显著为正。这表明纳税人宪法性权利保护程度、实体性权利保护程度和程序性权利保护程度的估计结果是比较稳健的，同时也说明这三个方面纳税人权利保护程度对税收法律文化感知度也具有显著的正向影响，即对纳税人的宪法性权利保护程度、实体性权利保护程度和程序性权利保护程度越高，纳税人的税收法律文化感知度也越良好。本节认为，得到纳税人权利保护程度越高的纳税人，其更愿意缴税，越具备监督税款支出的条件，监督意愿也更强烈，因此，他们对税收法律文化的感知度也越良好。

另外，教育水平和收入水平在模型（19）和模型（20）中不显著，这表明教育水平和收入水平对税收法律文化感知度不具有显著影响。本节认为，这是因为纳税人的纳税意愿并不随纳税人教育水平和收入水平的提高而有所增强；在税款支出不透明的情况下，纳税人的教育水平和收入水平对税款支出的监督产生不了实质影响。

表 5-4　纳税人权利保护程度对税收法律文化感知度的回归结果

解释变量	被解释变量：税收法律文化感知度				
	模型（16）	模型（17）	模型（18）	模型（19）	模型（20）
Nsxf	0.7381*** (0.0301)	0.5490*** (0.0342)	0.3834*** (0.0375)	0.3869*** (0.0375)	0.3975*** (0.0376)
Nsst		0.3375*** (0.0303)	0.1807*** (0.0338)	0.1841*** (0.0338)	0.1895*** (0.0339)
Nscx			0.5876*** (0.0518)	0.5730*** (0.0531)	0.5602*** (0.0534)
Educ				0.0120 (0.0256)	0.0202 (0.0260)
Incom				0.0314 (0.0228)	−0.0019 (0.0249)
Age					0.1060*** (0.0269)

续表

解释变量	被解释变量：税收法律文化感知度				
	模型（16）	模型（17）	模型（18）	模型（19）	模型（20）
Gend					-0.0748
					(0.0510)
Djsf					0.0065
					(0.0151)
N	1854	1854	1854	1854	1854
Wald chi^2	602.93	702.67	807.54	829.98	833.51
Prob > chi^2	0.0000	0.0000	0.0000	0.0000	0.0000
Pseudo R^2	0.1039	0.1234	0.1464	0.1468	0.1487

注：①括号内是稳健标准误；②***、**、*分别表示在1%、5%和10%的水平上显著。

二、边际效应估计结果

鉴于上述 Ordered Probit 模型的估计结果，只能确定纳税人宪法性权利保护程度、实体性权利保护程度和程序性权利保护程度对税收法治感知度影响的方向和显著性，而不能确定以上三个方面纳税人权利保护程度对税收法治感知度影响的具体取值概率。为了比较分析纳税人权利保护程度对税收法治感知度影响的取值概率，本节在表5-1中模型（5）、表5-2中模型（10）、表5-3中模型（15）和表5-4中模型（20）的基础上，进一步计算了纳税人宪法性权利保护程度、实体性权利保护程度和程序性权利保护程度对税收立法、执法、司法感知度和税收法律文化感知度的边际影响。具体计算结果见表5-5。

表5-5 纳税人权利保护程度对税收法治感知度的边际效应

分类	解释变量	被解释变量：税收法治感知度				
		Y=1	Y=2	Y=3	Y=4	Y=5
税收立法感知度	Nsxf	-0.0018***	-0.0122***	-0.0097***	0.0255***	0.0021***
		(0.0006)	(0.0026)	(0.0022)	(0.0053)	(0.0006)
	Nsst	-0.0009***	-0.0058**	-0.0046**	0.0122**	0.0010**
		(0.0004)	(0.0023)	(0.0019)	(0.0048)	(0.0005)
	Nscx	-0.0058**	-0.0385***	-0.0305***	0.0803***	0.0067***
		(0.0015)	(0.0050)	(0.0046)	(0.0089)	(0.0017)

续表

分类	解释变量	被解释变量：税收法治感知度				
		Y=1	Y=2	Y=3	Y=4	Y=5
税收执法感知度	Nsxf	-0.0001 (0.0001)	-0.0045*** (0.0010)	-0.0378*** (0.0051)	0.0474*** (0.0061)	0.0007*** (0.0003)
	Nsst	-0.0001 (0.0000)	-0.0021*** (0.0006)	-0.0175*** (0.0039)	0.0218*** (0.0048)	0.0003** (0.0001)
	Nscx	-0.0004 (0.0002)	-0.0129*** (0.0025)	-0.1085*** (0.0116)	0.1358*** (0.0134)	0.0020*** (0.0007)
税收司法感知度	Nsxf	-0.0010*** (0.0003)	-0.0130*** (0.0024)	-0.0594*** (0.0095)	0.0573*** (0.0095)	0.0160*** (0.0029)
	Nsst	-0.0005*** (0.0002)	-0.0065*** (0.0018)	-0.0298*** (0.0077)	0.0286*** (0.0077)	0.0080*** (0.0021)
	Nscx	-0.0032*** (0.0010)	-0.0425*** (0.0051)	-0.1936*** (0.0172)	0.1866*** (0.0183)	0.0521*** (0.0061)
税收法律文化感知度	Nsxf	-0.0065*** (0.0013)	-0.0477*** (0.0055)	-0.0347*** (0.0047)	0.0773*** (0.0084)	0.0212*** (0.0030)
	Nsst	-0.0031*** (0.0008)	-0.0227*** (0.0044)	-0.0165*** (0.0033)	0.0369*** (0.0069)	0.0101*** (0.0021)
	Nscx	-0.0092*** (0.0018)	-0.0672*** (0.0076)	-0.0489*** (0.0067)	0.1090*** (0.0122)	0.0299*** (0.0039)

注：①括号内是稳健标准误；②***、**、*分别表示在1%、5%和10%的水平上显著。

从表5-5的计算结果中可以看出，首先，纳税人权利保护程度对税收立法感知度的边际影响具体为：第一，纳税人宪法性权利保护程度对税收立法"非常不满意"（Y=1）、"比较不满意"（Y=2）的边际影响均在1%的水平上显著为负，且具体的边际系数分别为-0.0018和-0.0122。这说明，在均值处，纳税人宪法性权利保护程度每提高1单位，纳税人对税收立法"非常不满意"和"比较不满意"的概率分别下降0.18%和1.22%。而纳税人宪法性权利保护程度对税收立法"比较满意"（Y=4）、"非常满意"（Y=5）的边际影响均在1%的水平上显著为正，且具体的边际系数分别为0.0255和0.0021。这说明，在均值处，纳税人宪法性权利保护程度每提高1单位，纳税人对税收立法"比较满意"和"非常满意"的概率分别上升2.55%和0.21%。第二，纳税人实体性权利保护程度对税收立法"非常不满意"（Y=1）的边际影响在1%的水平上显著为负，具体的边际系数为-0.0009；其对税收立法"比较不满意"（Y=2）的边际影响在5%的水平上显著为负，具体的边际系数为-0.0058。这说明，在均值处，纳税人实体性权利保护程度每提高1单位，纳税人对税收立法"非常不满意"和"比较不满意"的概率分别下降0.09%和0.58%。而纳税人实体性权利保护程度对税收立法"比较满意"（Y=4）、"非常满意"（Y=5）的边际影响均在5%的水平上显著为正，且具体的边际系数分别为0.0122和0.0010。这说明，在均值处，纳税人实体性权利保护程度每提高1单位，纳税人对税收立法"比较满意"和"非常满意"的概率分别上升1.22%和0.1%。第三，纳税人程序性权利保护程度对税收立法"非常不满意"（Y=1）的边际影响在5%的水平上显著为负，具体的边际系数为-0.0058；其对税收立法"比较不满意"（Y=2）的边际影响在1%的水平上显著为负，具体的边际系数为-0.0385。这说明，在均值处，纳税人程序性权利保护程度每提高1单位，纳税人对税收立法"非常不满意"和"比较不满意"的概率分别下降0.58%和3.85%。而纳税人程序性权利保护程度对税收立法"比较满意"（Y=4）、"非常满意"（Y=5）的边际影响均在1%的水平上显著为正，且具体的边际系数分别为0.0803和0.0067。这说明，在均值处，纳税人程序性权利保护程度每提高1单位，纳税人对税收立法"比较满意"和"非常满意"的概率分别上升8.03%和0.67%。

其次，纳税人权利保护程度对税收执法感知度的边际影响具体为：第一，纳税人宪法性权利保护程度对税收执法"比较不满意"（Y=2）的边际影响在1%的水平上显著为负，且具体的边际系数为-0.0045。这说明，在均值处，纳税人宪法性权利保护程度每提高1单位，纳税人对税收执法"比较不满意"的概率下降0.45%。而纳税人宪法性权利保护程度对税收执法"比较满意"（Y=4）、"非常满意"（Y=5）的边际影响均在1%的水平上显著为正，且具体的边际系数分别为0.0474和0.0007。这说明，在均值处，纳税人宪法性权利保护程度每提高1单位，纳税人对税收执法"比较满意"和"非常满意"的概率分别上升4.74%和0.07%。第二，纳税人实体性权利保护程度对税收执法"比较不满意"（Y=2）的边际影响在1%的水平上显著为负,且具体的边际系数为 -0.0021。这说明,在均值处,纳税人实体性权利保护程度每提高 1 单位,纳税人对税收执法"比较不满意"的概率下降 0.21%。而纳税人实体性权利保护程度对税收执法"比较满意"(Y=4)、"非常满意"(Y=5)的边际影响均在 1% 的水平上显著为正,且具体的边际系数分别为 0.0218 和 0.0003。这说明,在均值处,纳税人实体性权利保护程度每提高 1 单位,纳税人对税收执法"比较满意"和"非常满意"的概率分别上升 2.18% 和 0.03%。第三,纳税人程序性权利保护程度对税收执法"比较不满意"(Y=2)的边际影响在 1% 的水平上显著为负,且具体的边际系数为 -0.0129。这说明,在均值处,纳税人程序性权利保护程度每提高 1 单位,纳税人对税收执法"比较不满意"的概率下降 1.29%。而纳税人程序性权利保护程度对税收执法"比较满意"(Y=4)、"非常满意"(Y=5)的边际影响均在 1% 的水平上显著为正,且具体的边际系数分别为 0.1358 和 0.0020。这说明,在均值处,纳税人程序性权利保护程度每提高 1 单位,纳税人对税收执法"比较满意"和"非常满意"的概率分别上升 13.58% 和 0.2%。

再次,纳税人权利保护程度对税收司法感知度的边际影响具体为:第一,纳税人宪法性权利保护程度对税收司法"非常不公正"(Y=1)、"比较不公正"(Y=2)感知的边际影响均在 1% 的水平上显著为负,且具体的边际系数分别为 -0.0010 和 -0.0130。这说明,在均值处,纳税人宪法性权利保护程度每提高 1 单位,纳税人对税收司法"非常不公正"和"比较不公正"感知的概率分别下降 0.1% 和 1.3%。而纳税人宪法性权利保护程度对税收司法"比较公正"(Y=4)、"非常公正"(Y=5)感知的边际影响均在 1% 的水平上显著为正,且具体的边际系数分别为 0.0573 和 0.0160。这说明,在均值处,纳税人宪法性权利保护程度每提高 1 单位,纳税人对税收司法"比较公正"和"非常公正"感知的概率分别上升 5.73% 和 1.6%。第二,纳税人实体性权利保护程度对税收司法"非常不公正"(Y=1)、"比较不公正"(Y=2)感知的边际影响均在 1% 的水平上显著为负,且具体的边际系数分别为 -0.0005 和 -0.0065。这说明,在均值处,纳税人实体性权利保护程度每提高 1 单位,纳税人对税收司法"非常不公正"和"比较不公正"感知的概率分别下降 0.05% 和 0.65%。而纳税人实体性权利保护程度对税收司法"比较公正"（Y=4）、"非常公正"（Y=5）感知的边际影响均在1%的水平上显著为正，且具体的边际系数分别为0.0286和0.0080。这说明，在均值处，纳税人实体性权利保护程度每提高1单位，纳税人对税收司法"比较公正"和"非常公正"感知的概率分别上升2.86%和0.8%。第三，纳税人程序性权利保护程度对税收司法"非常不公正"（Y=1）、"比较不公正"（Y=2）感知的边际影响均在1%的水平上显著为负，且具体的边际系数分别为-0.0032和-0.0425。这说明，在均值处，纳税人程序性权利保护程度每提高1单位，纳税人对税收司法"非常不公正"和"比较不公正"感知的概率分别下降0.32%和4.25%。而纳税人程序性权利保护程度对税收司法"比较公正"（Y=4）、"非常公正"（Y=5）感知的边际影响均在1%的水平上显著为正，且具体的边际系数分别为0.1866和0.0521。这说明，在均值处，纳税人程序性权利保护程度每提高1单位，纳税人对税收司法"比较公正"和"非常公正"感知的概率分别上升18.66%和5.21%。

最后，纳税人权利保护程度对税收法律文化感知度的边际影响具体为：第一，纳税人宪法性权利保护程度对税收法律文化"非常不愿意"（Y=1）、"比较不愿意"（Y=2）偏好的边际影响均在1%的水平上显著为负，且具体的边际系数分别为-0.0065和-0.0477。这说明，在均值处，纳税人宪法性权利保护程度每提高1单位，纳税人对税收法律文化"非常不愿意""比较不愿意"偏好的概率分别下降0.65%和4.77%。而纳税人宪法性权利保护程度对税收法律文化"比较愿意"（Y=4）、"非常愿意"（Y=5）偏好的边际影响均在1%的水平上显著为正，且具体的边际系数分别为0.0773和0.0212。这说明，在均值处，纳税人宪法性权利保护程度每提高1单位，纳税人对税收法律文化"比较愿意""非常愿意"偏好的概率分别上升7.73%和2.12%。第二，纳税人实体性权利保护程度对税收法律文化"非常不愿意"（Y=1）、"比较不愿意"（Y=2）偏好的边际影响均在1%的水平上显著为负，且具体的边际系数分别为-0.0031和-0.0227。这说明，在均值处，纳税人宪法性权利保护程度每提高1单位，纳税人对税收法律文化"非常不愿意""比较不愿意"偏好的概率分别下降0.65%和4.77%。而纳税人实体性权利保护程度对税收法律文化"比较愿意"（Y=4）、"非常愿意"（Y=5）偏好的边际影响均在1%的水平上显著为正，且具体的边际系数分别为 0.0369 和 0.0101。这说明，在均值处，纳税人实体性权利保护程度每提高 1 单位，纳税人对税收法律文化"比较愿意""非常愿意"偏好的概率分别上升 3.69% 和 1.01%。第三，纳税人程序性权利保护程度对税收法律文化"非常不愿意"（Y=1）、"比较不愿意"（Y=2）偏好的边际影响均在 1% 的水平上显著为负，且具体的边际系数分别为 -0.0092 和 -0.0672。这说明，在均值处，纳税人程序性权利保护程度每提高 1 单位，纳税人对税收法律文化"非常不愿意""比较不愿意"偏好的概率分别下降 0.92% 和 6.72%。而纳税人程序性权利保护程度对税收法律文化"比较愿意"（Y=4）、"非常愿意"（Y=5）偏好的边际影响均在 1% 的水平上显著为正，且具体的边际系数分别为 0.1090 和 0.0299。这说明，在均值处，纳税人程序性权利保护程度每提高 1 单位，纳税人对税收法律文化"比较愿意""非常愿意"偏好的概率分别上升 10.9% 和 2.99%。

综合以上关于纳税人权利保护程度对税收法治感知度边际效应的分析，可以看出，提高纳税人宪法性权利保护程度、实体性权利保护程度和程序性权利保护程度，纳税人对税收立法、执法、司法和税收法律文化的感知越趋于良好。纳税人的税收法治感知度在很大程度上可以反映我国税收法治建设的程度，提高纳税人权利保护程度，可以推进我国税收法治建设向更加完善的方向发展。

从以上边际效应结果中也可以进一步看出，纳税人程序性权利保护程度对税收法治感知良好的边际影响要高于纳税人宪法性权利保护程度，而纳税人宪法性权利保护程度对税收法治感知良好的边际影响又高于纳税人实体性权利保护程度。这表明，在三类纳税人权利中，提高纳税人程序性权利保护程度对税收法治感知良好的影响最大，其次是纳税人宪法性权利保护程度，最后是纳税人实体性权利保护程度。

第三节 结 论

首先，纳税人宪法性权利保护程度、实体性权利保护程度和程序性权利保护程度对纳税人的税收立法、执法、司法和税收法律文化感知度均具有显著的正向影响，即对纳税人权利保护程度越高，纳税人的整体税收法治感知度越良好。

其次，在三类纳税人权利中，提高纳税人程序性权利保护程度对纳税人税收法治感知良好的影响最大，其次是纳税人宪法性权利保护程度，最后是纳税人实体性权利保护程度。

最后，纳税人的税收法治感知度在很大程度上可以反映我国税收法治建设的程度，提高纳税人权利保护程度，可以推进我国税收法治建设的发展与完善。而在三类纳税人权利保护中，根据其对税收法治感知度影响的大小，首先着重提高纳税人程序性权利保护程度，其次是纳税人宪法性权利保护程度，最后是纳税人实体性权利保护程度。因此，应有重点、循序渐进地推进我国税收法治建设。

第六章

国家治理现代化视域下我国税收法治建设存在的问题

目前,我国税收法治建设虽然取得了一定成绩,但仍有较大的提升空间。对纳税人权利进行保护是税收法治建设的核心价值,国家治理现代化也要求在税收法治建设过程中保护纳税人权利,并为实现人的全面发展奠定基础。在纳税人权利保护对我国税收法治具有显著正向影响的情形下,应注重分析我国税收法治建设当中纳税人权利保护的薄弱之处,为推进税收法治建设找到着力点。

第一节 税收立法:纳税人权利保护有待提升

本书第四章在对我国税收法治建设进行指数化评估过程中发现,税收立法在税收法治整体发展中较为薄弱,因此,需要着重分析税收立法问题,以期补齐短板。税收立法中主要存在立法的民主性有待提高、有关税收法律法规对纳税人权利的保护力度有待提升及税收法律规定操作性有待加强等问题。

一、税收立法的民主性有待提高

(一)税收立法的透明度和公众参与度仍有待提高

在我国,税收立法除了保证财政收入外,其往往被作为经济宏观调控的手段。实践中,税收法律的制定一般按照以下程序进行:第一,由国家税务总局撰写税法草案;第二,由国务院修改、审议草案;第三,全国人大法工委就税法草案征求国务院各部委、各省级人大意见并进行修正;第四,全国人大或其常委会审议税法草案,向社会公众征求意见后作进一步的补充修正;第五,全国人大或其常委会表决通过后正式颁布实施税收法律。在这一过程中,全国人大代表在相对短暂的会议召开期间,较难有效实现其利益诉求,并且部分代表无税收、法律专业背景,会因缺乏相关知识或利害关系而消极表达。税法草案向社会公众征集意见亦存在一定的局限性。虽然社会公众可以通过书信和登录网站的方式对税法草案提出建议,但他们很少用书信表达意见,通过网络表达利益诉求的网民仍属少数,占所有纳税人的比例极低。在授权国务院立法时,一般也是由国家税务总局首先提出税法草案,之后提交国务院法制办征求意见并修订,最后由国务院常务会议审议通过并颁行。在此过程中,国务院虽然会召开座谈会、进行专家咨询论证等,但广大社会公众的利益诉求仍欠缺表达的渠道。

由此看来,我国当前的税收立法程序一定程度上坚持了税收法定,由全国人大或其常委会制定税法,实际上仍然以政府为主导或直接授权政府,使政府拥有过度的税收决策权①。

(二)调控性税法规范变动有边缘化税收法定倾向

随着市场经济的发展,税法规范变动的目的往往并非取得财政收入而是进行宏观调控。税的宏观调控功能始于市场经济的发展,自"市场失灵"问题出现,凯恩斯学派创设了政府干预理论之后,税的宏观调控功能才逐渐发展,此后伴随着现代法的发展而为法制理论所关注。例如,在近年来征收房产税和"二手房"交易所得税、提高证券印花税率等税法规范变动中,调控经济是其主要动因。在市场经济不断发展过程中,国家持续调控市场,调控性税法规范变动在各类税法规范变动的体系中占比越来越高。税的宏观调控功能侧重于市场经济运行状况和收入分配状况,注重对市场经济发展面临制约的灵活反应,而税收法定主义则注重于国民财产权的保护,二者不可避免

---

① 熊伟:《论我国的税收授权立法制度》,《税务研究》2013年第6期,第54页。

会存在冲突。因此，为避免调控性税法规范变动边缘化税收法定，需要以税收法定主义为前提和基础，探索税收调控下的权力限制和权利保护问题。①

(三) 授权立法范围广，数量大

在我国现行 18 个税种中②，由全国人大及其常委会立法的有 12 个③，其他 6 个税种都是根据全国人大的授权由国务院发布条例或暂行条例。我国税法体系中仅有 13 部法律④，而有 20 多部税收行政法规、10000 多部税收行政规章。这种局面的形成源于我国 1984 年和 1985 年两次税收授权立法形成的税收立法行政化体制。在改革开放初期，大量事项需要通过立法来规制的特殊历史背景下，全国人大授权国务院制定税收暂行条例的做法，有着程序简单、立法周期短、较为灵活的特点，与当时的社会状况比较适应，具有很大程度的合理性。但时至今日，授权立法的弊端和缺陷越来越凸显，主要表现在：不尊重纳税人话语权，未能从根源上维护纳税人权利；不合理地扩大税收权力，加重纳税人负担，影响法律规范内容的科学性⑤；授权立法过多，导致我国税收立法层级不高，稳定性不足，对税法权威产生影响，不利于培养纳税遵从；形成制度惯性，影响税收法治进程，阻碍依法治国的实现等。

(四) 税收立法显滞后，规范性文件增多

因经济发展的方式、形式多变，新生事物层见叠出，而税法的修订又不能与经济发展保持同步，往往滞后于经济发展。其主要表现在：一是税收立法对出现的新情况、新问题未予涉及，形成了不受规制的"真空地带"；二是对一些税种的新情况未明确规定予以征税，如对金融创新产生的金融衍

---

① 吴天宇：《税法法定主义抑或税收收入法定主义？——税收功能视角下的税收法定理论简析》，《经济法研究》2013 年第 2 期，第 183 页。
② 我国目前 18 个税种分别是：增值税、消费税、企业所得税、个人所得税、资源税、城市维护建设税、房产税、印花税、城镇土地使用税、土地增值税、车船税、船舶吨税、车辆购置税、关税、耕地占用税、契税、烟叶税、环保税。其中，由全国人大及其常委会立法的税种有：企业所得税、个人所得税、船舶吨税、环境保护税、烟叶税、车船税、车辆购置税、耕地占用税、资源税、契税、城建税和印花税。
③ 13 部税收法律指的是在 12 部税种法的基础上，加上一部《中华人民共和国税收征管法》。
④ 见本书第四章表 4-1。
⑤ 杨林：《略论税收法定主义原则》，《广西社会科学》2003 年第 1 期，第 83 页。

工具如何征税等。① 对于多数税收领域出现的新情况，常常由行政机构出台规范性文件来打补丁，规范性文件呈膨胀之势。这样的做法不仅容易造成纳税人税负的不确定性。② 同时，税收规范性文件也易引起税收执法风险。税务行政案件进入诉讼阶段，人民法院对具体行政行为的依据进行审查时，仅以法律、法规为依据，规章只是作为参照。仅依据一般行政规范性文件作出的执法行为，不可避免地存在执法风险③，这在一定程度上也增加了纳税人的诉讼负担。

二、有关税收法律法规对纳税人权利保护力度有待提升

（一）我国《宪法》中缺少对纳税人权利的规定

2018年3月11日修正的《中华人民共和国宪法》在"公民的基本权利和义务"一章的第五十六条规定了"中华人民共和国公民有依照法律纳税的义务"，但该章未对纳税人权利进行规定。《宪法》对纳税人权利规定的疏漏，会产生以下问题：一是税收立法价值被扭曲，过于侧重税收的财政收入、经济调节的工具性价值，忽视了以人为本的目的性价值；二是有关税收法律法规、规章的违宪审查缺乏明确标准；三是纳税人权利、义务的失衡，使得税收认同感难以形成，导致偷、逃税行为。我国对纳税人权利保护的规定零散地分布在《税收征管法》中，且多为原则性规定，在立法中对纳税人权利的具体内容未作详细阐明。虽然国家税务总局于2009年发布了《国家税务总局关于纳税人权利与义务的公告》（以下简称《纳税人权利义务公告》），归纳了纳税人的14项权利和10项义务，并于2011年发布了《〈纳税人权利与义务公告〉解读》（以下简称《解读》）。但《纳税人权利义务公告》和《解读》类似于普法宣传材料，前者法律效力不高，后者不具有法律效力。④

---

① 吴霖：《论我国税收立法技术之完善》，《税务研究》2007年第6期，第72页。
② 陆猛、吴国玖：《从税法不确定性视角探讨税收法定原则落实》，《税务研究》2017年第1期，第62~63页。
③ 杨卫红：《论税收执法风险的法律控制》，《税收经济研究》2011年第1期，第64页。
④ 朱大旗、张牧君：《美国纳税人权利保护制度及启示》，《税务研究》2016年第3期，第84页。

(二) 在税收征管中,征纳双方权利不平衡

一是体现在纳税人退税权上,退税期限与追征期限不对等。2015年4月24日修正的《税收征收管理法》第五十一条规定:"纳税人超过应纳税额缴纳的税款,税务机关发现后应当立即退还;纳税人自结算缴纳税款之日起三年内发现的,可以向税务机关要求退还多缴的税款并加算银行同期存款利息……"而该法律第五十二条规定:"因纳税人、扣缴义务人计算错误等失误,未缴或者少缴税款的,税务机关在三年内可以追征税款、滞纳金;有特殊情况的,追征期可以延长到五年。"纳税人超过应纳税额缴纳的税款,纳税人主张退款的期限最长是三年,而纳税人因计算错误等原因未缴或者少缴税款的,税务机关最长的追征期则是五年。二是体现在纳税人退税抵扣上,退税抵扣欠缴税款与抵扣应缴税款不平衡。《税收征管法实施细则》第七十九条规定:"当纳税人既有应退税款又有欠缴税款的,税务机关可以将应退税款和利息先抵扣欠缴税款……"但是,对于纳税人既有应退税款又有当期应缴纳税款的,则没有提及应退税款和利息是否可以抵扣当期应缴纳税款。[1]

(三) 纳税人权利救济成本高

税收争议是因纳税人对税务机关确定纳税主体、征税对象、征税范围、减税、免税和行使处罚决定、强制措施等具体行政行为有异议而产生的。根据《税收征收管理法》第八十八条规定:"纳税人、扣缴义务人、纳税担保人同税务机关在纳税上发生争议时,必须先依照税务机关的纳税决定缴纳或者解缴税款及滞纳金或者提供相应的担保,然后可以依法申请行政复议;对行政复议决定不服的,可以依法向人民法院起诉。当事人对税务机关的处罚决定、强制执行措施或者税收保全措施不服的,可以依法申请行政复议,也可以依法向人民法院起诉。"从以上规定可看出,纳税人、扣缴义务人、纳税担保人与税务机关发生纳税争议时,需要履行"双重前置"程序,一是"清税前置",即纳税人在申请行政复议前,需要向

---

[1] 施宏:《税收法定的前提是纳税人权利法定》,《国际税收》2014年第8期,第58页。

税务部门先缴纳税款、滞纳金或提供相应担保;二是"复议前置",即纳税人就纳税事项向人民法院提起诉讼前,需要先向税务行政复议机关申请行政复议。虽然"清税前置"有利于保障国家税收收入,但其与"复议前置"一样,加重了纳税人寻求救济的成本。纳税人申请行政复议,其也将投入一定的人力、物力,如纳税人再行提起税务行政诉讼,除投入人力、物力外,还需要投入一定的财力去缴纳诉讼费用、律师费用等。并且救济成本与救济程序持续时间呈正相关,即救济时间越长,纳税人投入的成本就越多。因此,纳税人开启权利救济之路需要付出先缴纳税款和滞纳金或提供相应担保的资金成本和处理争议的程序成本。① 从成本收益的角度看,纳税人面对进行权利救济的双重成本大于争议税款时,或是纳税人无力完税、无力提供担保的情况下,其容易放弃权利救济,导致利益受损,形成社会不公。这与"有权利必有救济"的现代法治理念相背离,不利于从根本上保障纳税人权利。并且,复议前置本身缺乏正当性。国外有些国家选择税务行政争议复议前置的前提是行政复议在编制、人员、财务上与税务机关是独立的,可以给纳税人提供公正、有效的行政救济。在国内,一般是由税务机关内部负责法制工作的部门承担受理税务行政复议的角色,处理争议的独立性及中立性有待商榷。②

三、我国税收法律规定的操作性有待加强

由于全国人大及其常委会制定的税法多属抽象的原则性规定,缺乏相关定义性条款,且常使用不确定概念,如"有必要""合理方法""有关部门"等③,

---

① 王霞、陈辉:《税收救济"双重前置"的法律经济学解读规则》,《税务研究》2015年第3期,第79~80页。

② 帅佳明:《落实税收法定主义的路径抉择——以国家与纳税人法律关系边界为切入口》,《中南财经政法大学研究生学报》2016年第1期,第158页。

③ 如《中华人民共和国个人所得税法》(2018年8月31日修正)第八条:"有下列情形之一的,税务机关有权按照合理方法进行纳税调整:(一)个人与其关联方之间的业务往来不符合独立交易原则而减少本人或者其关联方应纳税额,且无正当理由;(二)居民个人控制的,或者居民个人和居民企业共同控制的设立在实际税负明显偏低的国家(地区)的企业,无合理经营需要,对应当归属于居民个人的利润不作分配或者减少分配;"第十五条:"有关部门依法将纳税人、扣缴义务人遵守本法的情况纳入信用信息系统,并实施联合激励或者惩戒。"

甚至直接授权给国务院或财税主管部门予以规定①,致使在实践中加大了税务机关的自由裁量权,或是难以具体执行。同时,也为税法行政解释提供了过大的空间,扩大了授权立法的范围。税法行政解释原本是有权限的税务行政机关为了正确适用税收法律所作的说明,但在实践中,这些"批复""通告"或"决定"往往替代了税收法律,成为直接的效力依据,甚至有时还突破了税收法律的可能文义。虽然这种积极的税法行政解释弥补了税法规定的不具体而带来的操作不便,但也应该注意到,在规范性文件不可诉的制度框架下,越权解释和违法解释损害了法律的权威,对纳税人的财产权构成威胁。②

第二节 税收法律文化:纳税人义务文化盛行

本书第四章在对我国税收法治建设进行指数化评估过程中发现,税收法律文化在税收法治整体发展中亦较为薄弱,因此,需要着重分析税收法律文化中存在的问题,以期平衡税收法治发展。税收法律文化中主要存在纳税人义务文化盛行、政府税款支出方面存在问题、部分纳税人依法纳税意识淡薄等。

一、纳税人义务文化依旧盛行

我国传统的税收法律文化是以税务行政部门的权力为本位,又称为"国家本位"。与发达的官文化相对应的便是纳税人义务文化的盛行,民主与法制精神发育不良,纳税人权利意识欠缺。在古代中国,为维护纳税人权利、保护公众私有财产的税收司法根本就不存在。③自戊戌变法以来,传统税收

---

① 如《中华人民共和国个人所得税法》(2018年8月31日修正)第四条第二款、第五条第二款、第六条第八款、第十一条第一款、第十八条。《中华人民共和国个人所得税法》(2018年8月31日修正)一共有22条,而涉及授权国务院制定规则的便有5条之多。
② 刘剑文:《落实税收法定原则的现实路径》,《政法论坛》2015年第3期,第18~19页。
③ 彭骥鸣、余大庆:《君主专制与16世纪中英税收法律文化》,《税务与经济》2011年第6期,第94页。

法律文化开始了现代化转型,从伦理社会的义务本位逐渐向市民社会的权利本位过渡,从国家本位向个人本位过渡。① 虽然随着社会的进步和全球化的发展,现今我国纳税人的公民主体意识有所提升,但其仍面临着与国家本位为特征的传统税收法律文化之间的矛盾和冲突。这种矛盾和冲突反映在税收法律制度上首先是纳税人权利和义务的不统一,我国现行《宪法》只规定公民有依法纳税的义务,而未提到纳税人的宪法性权利;其次是大多数时候国家将税收法律制度当成宏观调控的行政手段,而非全体纳税人意志的体现,纳税人往往是税收法律制度的被动接受者。因此,纳税人对税收法律制度缺乏足够的认同和信仰,诚信纳税意识较低。

二、政府税款支出方面存在问题

虽然 2014 年 8 月 31 日第十二届全国人大常委会第十次会议修正的《中华人民共和国预算法》第十四条规定了"经本级人民代表大会或者本级人民代表大会常务委员会批准的预算、预算调整、决算、预算执行情况的报告及报表,应当在批准后二十日内由本级政府财政部门向社会公开,并对本级政府财政转移支付安排、执行的情况以及举借债务的情况等重要事项作出说明。经本级政府财政部门批复的部门预算、决算及报表,应当在批复后二十日内由各部门向社会公开,并对部门预算、决算中机关运行经费的安排、使用情况等重要事项作出说明。各级政府、各单位应当将政府采购的情况及时向社会公开"。但是对公开渠道、公开方式和公开内容的完整性及细化程度未予以明确规定。政府部门对外公开的预决算信息经常语焉不详,很多专用术语不仅普通纳税人难以看懂,就连专业人士也不易理解。尤其让纳税人感到困惑的是:在财政收入逐年增长的同时,财政赤字却水涨船高。增长的财政收入去向不明,税款的支出模糊不清,影响了纳税人对政府的信任,降低了纳税人的遵从度。财政部对 2017 年度地方预决算公开情况进行专项检查的结果显示:未公开 2017 年度预算的部门和单位仍有 227 个,其中省级 15 个、市级 45 个、县级 167 个;未公开 2016 年度决算的部门和单位有

---

① 马建红:《传统法律文化调适的必要与可能》,《法学杂志》2012 年第 12 期,第 105~110 页。

160 个,其中省级 15 个、市级 42 个、县级 103 个。部分地方公开预决算的内容不够完整细化,缺失重要公开内容。部分基层预算单位财务管理薄弱,会计人员不足或素质不高,造成预算管理和会计核算不规范,严重影响公开质量。①

虽然《预算法》也规定了各级人民代表大会及其常委员会对本级及下级政府的预算、决算进行监督,且规定了政府内部审计部门对预算执行和决算进行审计监督等。但在现有的监督体系下,少数政府官员仍未养成依法用税意识,长官意志等同于政府意志,权力监督薄弱。在财政开支决策中,部分决策者独断专行、挥霍浪费,不珍惜纳税人的血汗钱,这种税款支出不透明的用税行为,易引发纳税人对用税人的不满,使得纳税人与用税人的关系不和谐。② 由此可看出,纳税人知悉、参与和监督政府税款支出的制度化体系尚待完善。

三、部分纳税人依法纳税意识仍显淡薄

我国部分纳税人依法纳税意识不强,可以从以下三组数字看出:2009~2016 年,我国税务稽查机构检查企业税收违法情况,有问题户数占检查户数的平均比例达到了 93.59%,这说明我国企业税收违法问题严重。2009~2016 年,有限责任公司被举报税务违法的查处案件数占被举报企业查处案件总数的平均比例为 38.22%,个体经营户被举报税务违法查处案件数的平均比例为 21.87%,私营企业被举报税务违法查处案件数的平均比例为 17.21%。这说明有限责任公司、私营企业和个体经营户比我国其他所有制企业发生税务违法问题的情况更为严重。2009~2016 年,我国税务稽查机构查处"偷税"的税务违法案件占查处案件总数的平均比例为 24.99%,"不进行纳税申报"的平均比例为 14.23%,"发票违法"的平均比例为 13.41%。③ 这说明"偷税""不进行纳税申报"和"发票违法"是我国纳税人税务违法的常见形式。特别是我国高收入阶层,远未缴纳与其收入相对应的税收。高收入群体

---

① 财政部:财政部发布 2017 年度地方预决算公开度排行榜,新华网,2018 年 11 月 29 日。
② 陈义荣:《基于博弈视角的税收文化再造》,《山东社会科学》2010 年第 7 期,第 85~86 页。
③ 数据来源于《中国税务稽查年鉴》。

无论是自行申报纳税的人数，还是申报纳税的数额都明显偏低。① 一些高收入群体往往自设纳税标准，化整为零，采用实物、债权、股权分配等方式逃税，普遍存在"缴了也白缴"的心态②，造成国家税款的大量流失。

第三节　税收执法：税务机关内、外部约束有待加强

本书第五章纳税人权利保护程度对税收法治的影响效应结果显示，在三类纳税人权利中，提高纳税人程序性权利保护程度对纳税人税收法治感知良好的影响最大。纳税人程序性权利主要体现在税收执法中，因此，分析税收执法当中纳税人程序性权利保护的欠缺之处显得尤为重要。现阶段，我国税收执法过程中主要存在税务机关执法偏离税收法定原则，税务部门自由裁量权过大，税收执法的内部约束不够、外部监督效果不佳，税务执法人员呈老龄化趋势，且部分素质不高等对纳税人程序性权利保护不利的问题。

一、税收执法存在偏离税收法定原则问题

我国的税法在实践中并没有得到应有的尊重，税收法律的执行状况不佳。在我国既定的税制结构与宏观税负下，依法计征的税额与预算的要求通常不一致。对此，以往的做法是依照预算的要求确定税收总额，然后层层分解税收收入任务，最终使得税款的征收偏离了税收法定的要求。③ 根据行政合法性原则，行政机关的一切行政活动都要以法律为依据，遵守法律的规定，超越法律规定权限的行为无效。对于税务机关来说，没有法律依据，其

---

① 赵永辉、李林木：《威慑机制、遵从激励与面向高收入者的最优税收执法》，《当代财经》2014年第2期，第29页。
② 陈义荣：《基于博弈视角的税收文化再造》，《山东社会科学》2010年第7期，第85页。
③ 张松、张瑞杰：《税制改革要落实税收法定原则》，《地方财政研究》2015年第10期，第4~7页。

不得开征、停征、减免、退补税款。而我国有些地方的税务机关为了完成地方政府下达的税收任务，或是拿到任务超收的地方奖励或中央财政定额返还，以弥补地方行政经费缺口，往往迫使纳税人承担税法外的"过量""超量"纳税义务。① 例如，将未来年度的税收提前征收，"寅吃卯粮"，或以提高税率、随意罚款、巧立名目的方式增加收费项目，或将国家的减免税政策打折扣以增加当年税收收入。② "寅吃卯粮"的"过头税"反映出我国税收执法领域存在的一种"按任务征税"而非"依法征税"思维。特别是在某些压力之下，税法的部分规定执行不到位，或者被选择性地执行，这严重损害了纳税人的合法权益。

目前，一些地方出于"税收竞争"以达到招商引资的目的，或明或暗地实施一些"减免税""税收返还"或与税收关联的财政补贴措施③，制造"税收洼地"，造成了纳税人之间不公平纳税，严重影响了税法权威和市场公平竞争。④ 除此之外，税务机关亦不注重执法程序的遵循，如该告知的事项未告知、该送达的法律文书未送达、应履行的批准手续未履行、应遵守的期限未遵守等。⑤

二、税务部门自由裁量权较大

《税收征收管理法》第三十六条规定，企业或者外国企业在中国境内设立的从事生产、经营的机构、场所与其关联企业之间的业务往来，不按照独立企业之间的业务往来收取或者支付价款、费用，而减少其应纳税的收入或者所得额的，税务机关有权进行合理调整。《税收征收管理法实施细则》第五十五条虽然对"合理调整"的方法进行了细化规定，但税务机关的自由裁量权仍有很大空间，纳税人缺乏对调整过程的了解及调整结果的质疑机制。

---

① 金丹丹：《当前税收执法风险产生的原因分析》，《经贸实践》2016 年第 3 期，第 125 页。
② 任晓兰、彭瑞：《我国税收执法权力规范化问题探析》，《财政监督》2017 年第 10 期，第 13 页。
③ 李旭鸿：《试论税收立法权》，《税务研究》2011 年第 11 期，第 76 页。
④ 杨志强：《新形势下全面推进税收法治建设研究》，《中国政法大学学报》2015 年第 6 期，第 16 页。
⑤ 马克和：《我国"税收法定主义"：问题与对策》，《财政研究》2010 年第 9 期，第 30～31 页。

另外，税务机关对纳税人及扣缴义务人多以罚金的形式进行行政处罚，而对同一种违法行为，罚金幅度较大，税务部门或税务工作人员的主观裁量程度较高，自由裁量的行使过程不透明，易导致税负不公，并诱发利益交换等贪污贿赂行为的发生。①

三、税收执法的内部约束不够

税务机关内部管理机制不尽科学合理，税收执法的内部监督不力，主要表现为：税收执法权运行过程中管理不够严格，以岗定责工作未予完全落实；税收执法各岗位之间以及执法过程的各环节之间缺乏相互制约，致使随意执法的现象时有发生；税务机关内部机构改革通常只注重增设监督职能部门，往往忽视纪检监察、巡视、财审、法规等相关监督部门的协调与联动，多部门不同时间段的重叠监督检查，使得基层税务机关和执法人员疲于应付，而内部监督管理效果却未能实现。②

四、税收执法的外部监督有待加强

虽然目前税务机关也采取了相关外部评议的方式来对税收执法行为进行监督，邀请纳税人、其他党政、司法部门及社会中介组织对特定的税收执法行为进行监督和意见反馈，如发放执法评议卡、公开设立意见箱、开通执法监督专线电话、聘请监督评议员等方式，但是税收执法的社会监督效果仍不尽如人意。其主要表现为：一些纳税人因担心税务执法人员报复而未能充分行使监督权利，由于现行法律法规赋予了税务机关及税务执法人员较大的自由裁量权，特别是企业纳税人在行使监督权利的时候越发审慎。人大代表、政协委员因为缺乏制度和组织保障，其对税收执法的监督显得比较薄弱。新闻媒体因为欠缺税法专业知识，对税收执法的监督深度不够。而因长期以来我国税务行政诉讼案件数量极少，司法监督尚未成为税收执法监督的主力。

---

① 任晓兰、彭瑞：《我国税收执法权力规范化问题探析》，《财政监督》2017 年第 10 期，第 13 页。

② 金丹丹：《当前税收执法风险产生的原因分析》，《经贸实践》2016 年第 3 期，第 125 页。

因此，税收执法社会监督仍有待加强。①

五、税务执法人员呈老龄化趋势，且部分素质不高

税务稽查人员的年龄结构呈老龄化趋势。2010～2017年，全国税务稽查人员35岁年龄以下占比在18%以内，2015年该年龄段占比最低，仅为12.79%；35～45岁年龄段占比在41%以内，2017年该年龄段占比最低，为27.38%，且呈逐年下降趋势；而45岁以上的稽查人员占比则从2010年的42.26%逐年攀升为2017年的57.37%。② 我国税务稽查人员的年龄结构呈现老龄化趋势，在日渐倚重信息技术开展税务稽查工作的情形下，势必会对提升税务稽查工作效率形成阻碍。

随着社会经济发展，有些税收法律法规被新设，有些被修订。而部分执法人员法治观念淡薄，不深入学习原有的或新设、新修订的税收法律法规，对税法等相关法律在理解上存在偏差，导致执法不当、不规范甚至执法犯法的行为。部分执法人员不认真钻研税收业务，业务能力不强，甚至凭经验、凭感觉、凭关系执法，违反执法程序，造成执法错误，少数执法人员甚至与纳税人相互勾结，共同侵吞国家财产，造成执法腐败。③

第四节 税收司法：司法机关独立性、公平性有待提高

纳税人程序性权利除了主要体现在税收执法中外，亦体现在税收司法过程当中，因此，分析税收司法过程中纳税人程序性权利保护的不足亦十分必要。目前，我国税收司法过程中主要存在税收行政诉讼案件少、撤诉率高、纳税人与税务机关在诉讼中的地位不平等、纳税人整体利益难以寻求救济、专业税收审判人员欠缺等问题。

---

①③ 金丹丹：《当前税收执法风险产生的原因分析》，《经贸实践》2016年第3期，第125页。
② 数据来源于《中国税务稽查年鉴》。

一、税收行政诉讼案件少，撤诉率高

自1998年以来，全国法院每年受理税收行政诉讼一审案件的数量最多维持在2000件左右，且呈逐年下降趋势，平均每年为800件左右。2009年，受理的税收行政诉讼案件为293件，达到最低点。近年稍有上升，但数量仍处于低位。2017年，全国法院受理的税收行政诉讼一审案件为555件，占全国法院受理行政一审案件的比例为0.24%。并且，我国的税务行政诉讼撤诉率高，1999年的税务行政诉讼撤诉率高达71%；1999~2017年，税务行政诉讼的平均撤诉率为47%①，接近法院受理税务行政诉讼案件的一半。这说明纳税人合法权益受到侵犯时，较少选择司法程序进行解决，即便选择向法院提起诉讼，接近一半的纳税人最终选择撤诉。原因可归结如下：一是部分纳税人的法律意识不强。二是在税收行政诉讼中，1999~2017年，法院判决撤销税务机关具体行政行为的案件占已结案件的平均比例仅为5.53%②，即纳税人胜诉率低。从成本收益角度考虑，纳税人在付出了诉讼成本却难以胜诉的情况下，不会选择诉讼程序，即便受一时情绪影响选择了诉讼，也会理性地及时止损，提出撤诉。三是纳税人从长期的征纳角色出发，担心一旦胜诉，税务机关或其工作人员会对纳税人进行变相报复。③

二、税务机关与纳税人在诉讼中的地位不平等

目前，我国法院的经费来自地方财政拨款，人事制度亦从属于地方组织部门，当税务机关违法作出处罚决定、强制执行措施或税收保全措施，或税务机关与纳税人在纳税上发生争议时，法院对税务机关表现出强烈的谦抑态度，往往给税务机关特别的照顾和保护④，造成审判不公，使得纳税人的救济权利无法得到实质保障。

---

① ② 数据来源于《中国统计年鉴》。
③ 王恒亮:《论我国税收司法的困境》,《山西财经大学学报》2009年第4期, 第58页。
④ 谭志哲:《当代中国税法理念转型研究——从依法治税到税收法治》, 法律出版社2013年版, 第109~111页。

三、纳税人整体利益难以寻求救济

虽然《预算法》规定政府的全部收入和支出都应当纳入预算，且规定了各级人民代表大会及其常委会对本级政府部门的决算进行审查和批准。但现实中，政府部门仍存在不合理使用纳税人税款的情形，如修建豪华办公楼、购置贵重办公用品、建设与民生无益的政绩工程等，它侵害的客体不是单个纳税人的利益，而是纳税人的整体利益。[①] 而我国现行的《税收征收管理法》仅提供了个体纳税人的救济途径，当纳税人整体利益受到侵害时，则无法寻求救济。

四、专业税收审判人员欠缺

我国的统一司法考试中较少涉及税法，且涉税案件还常常需要用到税务会计、审计等知识，需要通过其他的专门培训来培养专业的税收审判人员，而其他的专门知识培训毕竟属于小众化的培训，这就造成了法院中专业税收审判人员的欠缺。虽然近10年来，我国法院平均每年受理的税务行政一审案件在400件左右[②]，但我国基层法院的数量超过3000个，即每个法院平均每年受理的税务行政案件不到1件。[③] 但随着纳税人权利意识的提高，税务机关工作人员的自由裁量权得到进一步规范，纳税争议"清税前置"条件降低及"复议前置"的取消，税收行政诉讼案件的数量便会有增无减。且法院除了要处理税收行政诉讼之外，还需要处理税收刑事诉讼。在这种情况下，法院原本就欠缺的专业税收审判人员便不能满足审判需求。

---

① 帅佳明：《落实税收法定主义的路径抉择——以国家与纳税人法律关系边界为切入口》，《中南财经政法大学研究生学报》2016年第1期，第159页。
② 数据来源于《中国统计年鉴》。
③ 邓伟：《论我国税务司法专业化》，《人大法律评论》2017年第1期，第351~352页。

| 第七章 |

国家治理现代化视域下完善我国税收法治建设的政策建议

从我国税收法治建设状况及指数评估结果来看，我国税收立法、执法、司法、税收法律文化建设过程中均存在亟待加以完善的问题，其中税收立法和税收法律文化建设略显薄弱。结合纳税人权利保护程度对税收法治感知度的分析，对税收法治感知良好影响从高到低排序依次是纳税人程序性权利保护程度、纳税人宪法性权利保护程度和纳税人实体性权利保护程度。因此，本章主要从税收立法、税收法律文化、税收执法和税收司法四个方面，从提高纳税人程序性权利保护程度、宪法性权利保护程度和实体性权利保护程度角度提出完善我国税收法治建设的相关建议，以符合国家治理现代化对其提出的内在与外在要求。

第一节 税收立法：民主、科学

一、提高税收立法的民主程度

经历了改革开放40多年的实践，尤其是随着社会主义市场经济的逐步建立和法治中国目标的提出，税收法律主义、① 税收民主精神在我国的顺利

---

① 李建人：《英国税收法律主义的历史源流》，法律出版社2012年版，第293页。

发展具备了良好的经济基础和前所未有的历史机遇。针对我国目前税收立法中存在的问题，本书提出以下建议。

（一）加大税收立法公开度，提高公众参与度

税收法律存在的合法基础是"纳税人同意"，对话与沟通是最基本的民主形式。只有在制定税收规则时坚持税收法定原则，在立法动议、立法提案、立法审议等阶段更加开放地听取民意、反映民情，通过充分的对话、博弈、协商和调适，最终使税收规则成为凝聚尽可能多共识的民主产物，避免可能出现的异议，化解潜藏的社会矛盾和风险。[①] 特别需要提出的是，税的宏观调控功能应以税收法定原则为前提，而不能以调控经济为原因，绕开税收法定原则，实行"关门立法"。

在具体措施方面：首先，应完善税收立法的调研制度。详细制订调研方案，科学梳理存在的问题，提出解决的思路和方法；拓宽调研渠道，既要听取系统内的意见，又要听取纳税人及其他服务对象的意见，不仅应重视领导干部的意见，还应吸纳广大群众的意见；创新调研方法，要采取科学的、现代化的调研手段，如听证会、公开讨论，网络民意调查等方式。当全国人大及其常委会通过以上方式就税法议案向社会公众征集意见时，在积极宣传、使社会公众知晓并关注税法议案的同时，地方各级行政组织还应采取民间走访、调查的方式汇集民众意见，并将意见上报给有关立法机关，以此弥补听证会、书信、电话及网络等表达渠道的不足，最大限度地听取民意。其次，应对税收立法的专家论证制度予以完善。由于税收立法具有较强的专业性，应吸收有关方面专家参与立法，将税收立法和税收政策的研究结合起来。立法机关可以从各个行业各个层面的人员中遴选出一批专家代表，包括税收、法律、会计、管理等方面的专家学者，建立一个相对完备的人才库。当全国人大代表分组讨论、审议税收议案时，由相关方面专家进行讲解，能有效保障代表的知情权和质询权。同时，赋予这些专家一定的立法监督权，帮助发现税收议案条文中存在的瑕疵和漏洞，并将发现的问题和提出的建议直接反馈给立法机关。[②] 再次，立

---

① 刘剑文：《落实税收法定原则的现实路径》，《政法论坛》2015年第3期，第21页。
② 张义军、王艳红：《税制效率与征管效率不协同的原因及对策》，《税务研究》2014年第9期，第60页。

法机关不仅要采取公开的方式广泛征求民众意见,更重要的是对税收立法的论证、辩论过程予以公开,使社会公众了解民意形成的具体过程。立法机关还应向纳税人提供质询通道,使纳税人畅通地监督立法过程。① 这不仅能防范立法"寻租",也有利于培养社会公众的税收法律意识,提升他们对税法的满意度和信任度。最后,无论是制定税收法律还是行政法规等税收基本事项,都应杜绝和摒弃"关门立法",必须公开立法议案、征集各方意见、公开论证过程等。② 在涉及制定者自身利益时,应执行回避制度,并通过立法听证程序约束立法者的恣意③,保证税收法律法规的制定在阳光下运行。

(二)停止税收法律授权

对于税收事项是制订法律还是行政法规或规章,不仅是形式上法律位阶和制订程序上的差别,更存在立法主导与行政主导的本质差异。而立法主导体现了财税民主的价值观,符合国家尊重和保障纳税人基本权利的精神,也有利于提高税法权威,是建设现代法治国家的客观要求。进而言之,税收基本要素只有由狭义的法律来规定,税收才能具备充分的形式正当性。④

要尽早完成税收法定的重要改革任务。首先,应严格按照税收法定原则的要求,进一步修改《立法法》第九条的规定,将税收基本制度与"犯罪和刑罚、对公民政治权利的剥夺和限制人身自由的强制措施和处罚、司法制度"一并排除在授权立法之外,停止税收法律制定前的授权;其次,全国人大及其常委会应当对现有税收行政法规进行逐级、逐层的清理,对有关"税种的设立、税率的确定和税收征收管理等税收基本制度"的行政法规调整升级为法律⑤,

---

① 帅佳明:《落实税收法定主义的路径抉择——以国家与纳税人法律关系边界为切入口》,《中南财经政法大学研究生学报》2016年第1期,第158~159页。
② 彭志强:《论我国的税收立法质量》,《税收经济研究》2014年第6期,第68~69页。
③ 杨卫红:《论税收执法风险的法律控制》,《税收经济研究》2011年第1期,第66页。
④ 刘剑文:《落实税收法定原则的现实路径》,《政法论坛》2015年第3期,第20页。
⑤ 如2018年12月29日第十三届全国人民代表大会常务委员会第七次会议通过的《中华人民共和国耕地占用税法》和《中华人民共和国车辆购置税法》分别是由2007年12月1日国务院公布的《中华人民共和国耕地占用税暂行条例》、2000年10月22日国务院公布的《中华人民共和国车辆购置税暂行条例》调整上升而来。

并结合税制改革的进程,将新税种直接制定为法律①;再次,全国人大及其常委会制订某一税种法后,国务院仍可对该税种法出台实施条例,进行执行性立法,税收主管部门也可以制订实施细则进行具体说明。但必须予以强调的是,国务院或税收主管部门制订的实施条例或细则不得违反甚至架空税收法律的规定。税收法定原则并不排斥其他法律渊源在税收事项上的效力。相反,在不超越《宪法》、税收法律的前提下,它承认并要求税收行政法规、规章和规范性文件在规定范围内各自发挥作用。不同的法律渊源相互配合、相互协调,才能够形成结构完整、层次分明的税收法律制度。②

(三) 科学立法,清理规范性文件

制订税收政策要符合经济发展方式多样性的内在规律,不仅要有近期计划还要有长期规划。随着当下电商、微商、海外代购等新型经济关系的兴起与迅速发展,相关税法需要及时跟进、修订。③ 针对我国税法行政化明显的特点,需要建立定期清理制度④,认真清理税收行政规章、地方政府规章等规范性文件之间的矛盾和冲突,特别是行政部门用通知、批复等红头文件代替税法的不规范行为,及时向社会公布清理结果;对现有的税收法律法规进行科学分类与归并,使各种税收法律法规之间和每一部税收法律法规内部都兼具形式的完整性、表达的规范性和内容的一致性;进一步规范税法解释,防止政出多门,减少执法的随意性。⑤

二、完善并修订相关税收法律法规

(一) 在《宪法》中体现税收公平,并增加纳税人权利的规定

建议将现行《宪法》第五十六条修改为:公民、法人及其他组织有按负

---

① 如 2016 年 12 月 25 日第十二届全国人民代表大会常务委员会第二十五次会议通过了《中华人民共和国环境保护税法》,为我国税种直接制定为法律树立了良好先例。
② 刘剑文:《落实税收法定原则的现实路径》,《政法论坛》2015 年第 3 期,第 21~22 页。
③ 陆猛、吴国玖:《从税法不确定性视角探讨税收法定原则落实》,《税务研究》2017 年第 1 期,第 64 页。
④ 李万甫:《提高税收立法质量的思考》,《中国税务》2011 年第 7 期,第 28 页。
⑤ 吴霖:《论我国税收立法技术之完善》,《税务研究》2007 年第 6 期,第 73 页。

担能力平等纳税的义务。① 并在此基础上，明确纳税人参与税收立法和监督税款支出方面的基本权利，或在《宪法》的"公民基本权利与义务"一章中补充规定相应的内容，例如，税收的开征、停征及使用必须依照法律的规定；没有法律依据，不得征税，不得任意使用税款等。② 这样，才能使得违宪审查有据可循，才能从《宪法》的高度保障纳税人的宪法性权利。

（二）应尽早制订预算法实施条例，细化预算公开、预算监督内容

预算法实施条例中应规定各级政府通过何种渠道，采取何种方式公开预决算，并明确公开内容的细化程度。另外，应加强基层预算单位的财务管理，招纳充足的高素质会计人员，定期对会计人员进行业务培训，使得基层预算管理和会计核算规范化。将预决算公开纳入政府绩效考核体系，通过考核评价，强化各地方政府、各部门的主动公开意识。

（三）平衡税收征管中征纳双方的权利

在纳税人退税权上，建议按照2015年1月公布的《中华人民共和国税收征收管理法修订草案（征求意见稿）》第八十五条的规定，将纳税人的最长退税期限延长至5年，与因纳税人过失未缴或少缴税款的追征期限保持一致，即："纳税人超过应纳税额缴纳的税款，自结算缴纳税款之日起五年内可以向税务机关要求退还多缴的税款并加算银行同期存款利息，税务机关及时查实后应当立即退还。"③ 在纳税人退税抵扣上，建议修改《税收征收管理法实施细则》第七十九条的规定，增加退税抵扣应缴税款的内容，即修改为："当纳税人既有应退税款又有应缴税款或欠缴税款的，税务机关可以将应退税款和利息先抵扣应缴税款或欠缴税款；抵扣后有余额的，退还纳税人。"

（四）降低纳税人权利救济成本

建议在《税收征收管理法》中设置纳税争议"清税前置"的两种除外

---

① 刘剑文：《落实税收法定原则的现实路径》，《政法论坛》2015年第3期，第23页。
② 施宏：《税收法定的前提是纳税人权利法定》，《国际税收》2014年第8期，第57~61页。
③ 国务院法制办公室：中华人民共和国税收征收管理法修订草案（征求意见稿），中国政府网，2015年1月5日。

情形：第一，调整"清税前置"的条件。对于争议税额不大，未超过一定限额①的纳税争议，则不需要先行纳税或提供担保；当纳税人能提供证据证明确实无力先行缴税或提供担保的情况下，可以不需要先行缴税或提供担保。但救济程序结束后，最终证实纳税人有缴税义务的，则需要加收利息。此举既可避免纳税人借救济程序拖延缴纳大额必缴税款，又可在争议税额不大或纳税人确无力先行纳税或提供担保的情况下，降低纳税人行使救济权利的成本。第二，建议取消"复议前置"规则。对于纳税争议，允许纳税人在衡量自身利益的基础上在行政复议和诉讼之间自由选择，打破税务机关在处理纳税争议方面的垄断地位，切实保障纳税人自由选择救济程序的权利。这样虽会使得相当部分税收案件进入不具备充足税务专业人才的法院，但司法作为权利保护的最后一道屏障，其不可避免地要处理税收案件。法院为保证裁判结果的准确，势必会增加和培养具备税收专业知识的人员，从而也倒逼法院加快税法专业人才队伍的建设。"清税前置"的调整和"复议前置"的取消，能最大限度地降低纳税人的救济成本，提高纳税人程序性权利的保障程度。

三、增强税收法律规定的可操作性

可操作性是税法科学性的重要体现。② 如果税收法律有着过多的原则性条款，就难以约束税务机关的征管行为，纳税人也无法据此形成稳定预期。从国外实践来看，税法基本上是高度细化和复杂的。当然，增强税收法律的可操作性并不是对不确定法律概念的完全排斥，这实际上也是难以实现的。但是，太过宽泛的甚至近于空白的条款，税法解释很难明确其意义。因此，应摒弃宜粗不宜细的立法指导思想，当然这并不意味着条文越多越好，而是指在法律用语上避免模棱两可，产生歧义，避免概括性、兜底性等的不确定性表述；税收法律法规等的内容明确、具体，易于操作执行。以此减少税法行政解释出台的机会，从源头上限制税务机关的自由裁量权，保障税法权威。

---

① 此处的"限额"，需要税务机关进行调研，一般情况指的是与纳税人的权利救济成本持平或超过救济成本不高的额度。如果争议税额与纳税人救济成本持平或超过救济成本不高，纳税人仍坚持寻求救济，在很大程度上可以判断纳税人不是借救济程序来拖延缴税。
② 韩灵丽：《论税收法治》，《税务研究》2006年第5期，第57~59页。

第二节 税收法律文化：纳税人权利本位

一、提倡纳税人权利本位文化

一直以来，人们习惯从国家角度认识税收，即税收是国家或政府为向社会提供公共品，凭借政治权力，按照法律预先规定的标准，参与社会产品或国民收入的分配，无偿地取得财政收入的一种形式，体现着特定的分配关系。① 随着我国社会主义市场经济的快速发展和全球法律文化重构进程的开启，民主、契约精神在我国得到很大程度的发展和发扬，为纳税人权利本位理念的提出奠定了社会基础。在国家治理现代化的最终目标是实现人的自由全面发展及税收法治的发展依赖于纳税人权利保护程度的时代要求下，纳税人权利本位文化应成为税收法律文化的主流。

为此，我们需要从纳税人角度去认识税收，税收是纳税人为获得政府提供的公共物品而自愿让渡的一部分财富。政府征税、纳税人缴税，意味着政府和纳税人之间达成了一种税收契约，双方都拥有一定的权利，也需要履行对应的义务。政府有向纳税人征税的权利，也需要履行提供合格公共物品的义务；纳税人履行了缴纳税款的义务，同时拥有了获得公共物品的权利。我们要改变传统认知，不能简单地把税收作为宏观调控的工具，税种的开征和调整都应该是纳税人意志的体现。此外，要适时推动税收法定原则入宪，在《宪法》中明确纳税人的基本权利，促进税收法律文化从国家本位向纳税人权利本位转变。②

二、提高税款使用的透明度

在税收征纳这一契约关系当中，披露税款支出明细，使纳税人明白税款

---

① 王乔、姚林香：《中国税制》，高等教育出版社2018年版，第3页。
② 胡必坚：《论我国税收法律文化的转型》，《广西社会科学》2013年第10期，第109页。

的去向是政府应该履行的义务。提高税款使用透明度，首先，应具体化政府部门披露的预决算信息，规定信息披露的具体化程度标准，使得纳税人能够把握政府披露的预决算信息，对税款支出心中有数。其次，政府除了主动对财政转移支付安排、执行的情况，部门预算、决算中机关运行经费的使用情况等重要事项作出披露外，还应及时回应纳税人关注的重要税收事项，如财政收入增长而财政赤字却不降反增等问题。再次，加强对违法用税的监督和责任追究。对明显超出标准建设政府办公楼、采购办公设备或建设与民生无关的政绩工程的行为进行严格追责；大力惩处贪污腐败行为，对贪污腐败行为的查处应常态化，保证税款安全。最后，还应提高公共产品供给质量，增加公共服务品种和内容，让纳税人真正感觉到"物有所值"。

三、增强纳税人诚信纳税意识

纳税人诚信纳税是税收法律文化良性发展的最终体现，针对当前我国部分纳税人依法纳税意识有待提高的问题，本书提出以下建议。

（一）提升税务服务水平，降低纳税人依法纳税成本

为纳税人提供服务比执法惩戒在提高纳税人自觉性方面更加有效。美国自行申报纳税的人数超过总应纳税人数的90%，是世界上申报纳税比例最高的国家。出现此现象的重要原因之一便是美国的税务机关以方便纳税人纳税为己任，努力为纳税人提供优质的服务。[1] 因此，我国应充分借鉴他国有益经验，尽可能简化办税程序，提高工作效率，给予纳税人申报税款方面的指导，允许纳税人就税法未明确事项申请税务事先裁定，解决纳税疑惑和难题。例如，进一步完善、丰富税务移动应用功能。站在纳税人角度，将税收法律法规按时序进行推送更新的同时，根据纳税人对税法知识获取的偏好与需求，对税收法规进行类别化整理，形成一系列的"主题索引库""知识导图"和"纳税指南"等，便于纳税人检索查询和理解适用。借鉴企业纳税

---

[1] 朱德莉、杨莉芸：《"公平与效率"视角下中国税收法制框架的设计》，《经济研究导刊》2014年第8期，第271页。

人统一信用代码模式,建立自然人纳税人身份编码制度,即只需要注册一次,便可获得所有的电子纳税服务①;建立并完善税务事先裁定制度,针对纳税人拟进行的交易、安排所涉及税法上尚未明确的特定税务问题,允许纳税人申请税务事先裁定,以消除适用税收法律法规的不确定性,使纳税人事先知晓拟进行交易的涉税风险,进而作出有利选择。②

(二)建立个体工商户和自然人纳税人的纳税信用管理办法

2014年7月,税务总局印发的《纳税信用管理办法》和《纳税信用评价指标和评价方式》着重于构建对企业纳税人的信用管理框架。针对我国部分高收入群体纳税意识欠缺的现状,我国亟须进一步构建个体工商户和自然人纳税人的纳税信用管理办法,对其进行失信惩戒的同时,更加注重给予其必要的税收诚信激励。因为税收激励与高收入者的纳税遵从之间呈显著正相关关系。③

(三)建立部门间失信惩戒信息统一查询机制

2016年,国家税务总局联合国家发改委等部门印发的《关于对重大税收违法案件当事人实施联合惩戒措施的合作备忘录(2016版)》虽然明确了34个联合惩戒部门对失信纳税人的惩戒措施及操作程序,但是纳税人不方便获取各个部门对其已采取的惩戒措施信息,不利于纳税人及时了解税收违法行为造成的严重后果。为纳税人设计失信惩戒信息统一查询途径,便于纳税人在受到多项实际惩罚之前,纠正税收违法行为,补缴税款、滞纳金等,以避免受到实际惩罚,同时各部门也达到了联合惩戒促使纳税人补缴税款的目的。

(四)保障纳税人的合法权益

增进纳税人诚信纳税意识最重要的是措施是保障纳税人的合法权益。当

---

① 靖树春:《部分发达国家"互联网+税务"的实践与借鉴》,《税收经济研究》2016年第6期,第25页。
② 席卫群、胡芳:《税务事先裁定制度在我国的建立:前景与挑战》,《税务研究》2018年第7期,第73~76页。
③ 赵永辉、李林木:《威慑机制、遵从激励与面向高收入者的最优税收执法》,《当代财经》2014年第2期,第38页。

纳税人的宪法性权利、实体性权利和程序性权利得到充分合理保障后，纳税人的纳税意识才有望得到质的提升。

第三节 税收执法：严格、规范

一、税收执法应有法必依，执法必严

（一）放弃预算约束税收模式，取消向税务机关下达税收收入任务的做法

2018年12月29日修正的《预算法》第五十五条规定"……各级政府不得向预算收入征收部门和单位下达收入指标"。因此，在组织税收收入上，各级政府都不得给税务机关下达收入任务或增长比例，各级税务机关要按照《预算法》第五十五条规定："依照法律、行政法规的规定，及时、足额征收应征的预算收入。不得违反法律、行政法规规定，多征、提前征收或者减征、免征、缓征应征的预算收入，不得截留、占用或者挪用预算收入。"杜绝有税不征、拉税、引税等违法征收行为。①

（二）改变政绩考核模式

要改变对地方政府以单一的GDP数据进行考核的模式，考虑GDP、税收效益、生态环境等多方面指标，科学确定综合考核指标，促使各级政府转变政绩观②，减少"税收竞争"带来的税负不公。

（三）严格执法程序

税务机关要做到"法无授权不可为，法定职责必须为"，公开、公正执法，不能越权执法，更不能滥用职权。税务机关应借助信息技术，通过"互联网+税务"模式，公开税收征管阶段和过程，推进税收征管业务流程一体

---

①② 陆猛、吴国玖：《从税法不确定性视角探讨税收法定原则落实》，《税务研究》2017年第1期，第64~65页。

化、信息化,增强纳税人的执法公平感。① 要完善税务稽查的内部运行机制,制订科学的工作流程,实施执法过程全记录制度,执法人员应配备使用执法记录仪,进行"痕迹管理"。强化工作质效考核,杜绝执法过程中有法不依、执法不严现象。②

二、规范税务机关的自由裁量权

通过制订实施办法,细化规定自由裁量权的行使条件、程序及合法性监督,建立相应的追责制度③,从源头上防止税收自由裁量权被滥用。如此,可使纳税人获得相对稳定的税务执法预期,税务执法行为也更显公平;同时,也可减少或避免税务机关征收"人情税"的情况,能在很大程度上防止贪腐行为的发生。

三、强化税收执法的体制内约束

自1997年党的十五大明确提出将依法治国作为党领导人民治理国家的基本方略以来,国家税务总局对严格税收执法工作十分重视,针对税收执法中存在的问题,陆续制定了系列文件予以规范,并对有关文件进行了修订。例如,2001年11月20日作出《国家税务总局关于全面加强税收执法监督工作的决定》;2001年11月22日印发《税收执法过错责任追究办法(试行)》的通知;2001年11月29日发出了《国家税务总局关于全面推行税收执法责任制的意见》;2005年3月22日发出《国家税务总局关于印发税收执法责任制"两个办法"和"两个范本"的通知》;2005年9月14日作出《国家税务总局关于深入推行税收执法责任制工作的意见》;2017年9月1日发出关于《税收执法责任管理与过错追究办法(征求意见稿)》公开征求意见的通知;2018年5月11日召开"全国税务系统进一步推行税收执法责任制工作

---

① 张仲芳、李春根、舒成:《税收公平与税收遵从》,《税务研究》2015年第12期,第121页。
② 李如松、于兴伟:《小争议引出税务稽查执法大思考》,《中国税务》2017年第6期,第48页。
③ 韩灵丽:《论税收法治》,《税务研究》2006年第5期,第59页。

视频宣讲会";2019 年 3 月 18 日发布了关于印发《优化税务执法方式全面推行"三项制度"实施方案的通知》,等等。虽然上述文件明确了在税收执法过程中实行税收执法责任制,全面推行行政执法公示制度、执法全过程记录制度和重大执法决定法制审核制度等,并进一步细化了上述制度的内容,但要切实解决税收执法中存在的问题,仍需要做到以下几点:一是税务机关及其工作人员要转变观念,树立服务意识;二是加强税收执法各岗位之间以及执法过程的各环节之间的相互制约;三是注重纪检监察、巡视、财审等相关监督部门的协调与联动,避免多部门的重叠监督检查;四是改革进入"深水区",不应该通过修订原有规范性文件的形式来弱化税收执法责任;五是完全落实以上文件中规定的税收执法责任制、行政执法公示制度、执法全过程记录制度和重大执法决定法制审核等制度,不能让良策只停留在文件上。

四、加强税收执法的社会监督

加大税收执法监督力度,推动监督检查常态化,既要强化税务部门内部监督,又要自觉接受人大、政协及审计等部门和新闻媒体的监督,拓宽纳税人监督渠道。[①]

针对税收执法社会监督存在深层次问题,首先,建议纳税人对税收执法行为的监督一律采取匿名的方式,保护纳税人隐私,如网上意见箱不实行实名或电话号码注册制、承诺不对执法监督专线电话进行录音等,以消除纳税人担心报复的疑虑。其次,定期邀请人大代表、政协委员对本级税务机关在税收执法当中存在的问题提出意见和建议。再次,鼓励新闻媒体对税收执法行为进行监督,对新闻媒体披露出来的问题,税务机关要正确应对,积极查实,及时修正。最后,要发挥好司法监督的作用。在我国当前税务行政诉讼案件数量少的现实境况下,建议国家税务总局政策法规司每年组织人员对当年全国范围内发生的税务行政诉讼案件进行归纳总结,对典型

---

① 涂京骞、涂龙力:《落实税收法定原则是全面推进依法治税的新常态》,《税务研究》2015年(增),第 59 页。

的税收执法违法行为进行案例通报，以指导税收行政实践。通过完善税收执法的社会监督，也可提高税务管理的透明度，扩大公众对税务管理的参与度。

五、提升税收执法人员素质，优化年龄结构

决定税收执法水平高低的一个重要因素是人，税务工作人员的业务水平和政治素质对税收执法的效果有着直接影响。首先，要加强税务工作人员的思想道德教育。组织新进人员学习《税务人员廉政"十五不准"》《税务系统领导干部廉洁从政"八不准"》《全国税务系统领导班子和领导干部监督管理办法》《税收违法违纪行为处分规定》等制度；组织执法工作人员统一观看涉嫌犯罪人员的庭审及判后自我检讨录像，进行警示教育，努力培养执法人员的依法行政意识。其次，加强执法人员的税法和税收知识培训。对于新制定或新修订的税收法律法规，要及时组织税收执法人员集中培训，使其较好地理解与把握法律规定，避免出现偏差；可定期进行税收法律法规知识考核或竞赛，强化执法人员对法律规定的理解与记忆；通过外出交流等方式，提高其分析、解决问题的能力。最后，建立年龄偏大的工作人员"退居二线"机制，为吸纳年轻力量腾出岗位，将掌握现代信息技术的年轻专业人员充实进税务稽查机构，以形成合理的人才梯队。

第四节　税收司法：独立、公正

一、逐步实现司法独立，加强舆论监督

司法不独立是法院审判不公的重要因素，建议改革法院经费来源和人事组织制度，提高法院的独立性。首先，将各级法院经费统一编制入中央预算或设立法院经费的专项预算，在经费来源上划清与地方财政的界限。其次，法院员额法官的人事关系应区别于法官助理、书记员及行政人员，员额法官应由同级人大或人大常委会选任，其职位升迁由同级人大常委会决定，使得

员额法官的人事关系与地方组织部门之间不存在关联。如此，法院在经费和人事关系上实现了独立，便能最大限度地去除偏私心理，依法公正审理税务行政诉讼案件。纳税人的法律意识也需要进一步提高，定期采取"互联网+社区"的方式进行税法普法宣传，充分发挥税务律师在普法宣传当中的作用。纳税人的法律意识提高了，其选择司法程序维护权利的意愿也会相应增强。另外，还需要鼓励社会各界对税收司法工作进行舆论监督。社会舆论监督有利于促进税收司法公正，提升税收司法的公信力。司法机关要及时回应公众对重大或存疑税务案件的关注，以开放、坦诚的态度，规范的程序，实施阳光司法，树立司法权威。①

二、建立纳税人公益诉讼制度

纳税人公益诉讼是纳税人对政府违法或不合理的财政支出等行为，依法向法院提起诉讼的活动。② 在法国，纳税人有权作为原告对政府违法支出税款的行为提起诉讼。在美国，纳税人可以起诉联邦政府或地方政府，要求他们停止违法支出税款，甚至要求返还税款等。③ 我国《民事诉讼法》（2017年修正）第五十五条规定了环境公益诉讼和消费者公益诉讼。笔者认为，可借鉴《民事诉讼法》关于公益诉讼的规定，在我国《行政诉讼法》中增加纳税人公益诉讼的规定，赋予纳税人主体诉讼资格，建立国家有关监督机关支持起诉制度，如审计署、检察机关，并建立纳税人参与公益诉讼的补偿机制。④ 赋予纳税人公益诉权，是维护纳税人宪法性权利保护的重要举措，是国家治理现代化民主核心的体现，更是迈向税收法治现代化的关键步骤。⑤

---

① 魏雪梅：《我国税收法定原则的法治化进程研究》，《税务研究》2016年第2期，第82页。
② 秦玉娈：《中国国民税权法律保障问题研究》，法律出版社2013年版，第202页。
③ 陈志勇、姚林：《税收法定主义与我国课税权法治化建设》，《财政研究》2007年第5期，第53页。
④ 帅佳明：《落实税收法定主义的路径抉择——以国家与纳税人法律关系边界为切入口》，《中南财经政法大学研究生学报》2016年第1期，第159页。
⑤ 秦玉娈：《中国国民税权法律保障问题研究》，法律出版社2013年版，第206页。

三、加强专业税务审判人员的培养

高素质、专业的税务审判人员是保障税务案件公正审判的前提。为了满足现有税务案件（包括税务行政诉讼和税务刑事诉讼案件）的审判需要，顺应纳税人权利意识提高的法治时代要求，响应《深化国税、地税征管体制改革方案》（2015年12月24日中共中央办公厅、国务院办公厅印发）关于"健全税收司法保障机制"的政策规定，应加强涉税案件审判队伍的专业化建设。首先，可以从强化大学法学院学生的税法教学着手，并在全国统一司法考试中增加对税法知识的考核，起到普遍提升法科学生税法素养的作用。其次，为法院行政庭和刑庭的法官提供税法、税务会计、审计等知识培训的机会。为了提高其学习积极性，给予一些在职培训学习优异的工作人员相应奖励，树立税收审判人员的业务榜样，引导他们以学习和提高专业素质为荣。最后，可探索从优秀的税务律师或者从事税法或税务教学的学者当中选拔税务法官，充实税务法官队伍，实现由相对固定的审判人员、合议庭审理涉税案件的目标。加强专业税务审判人员的培养，也可为日后应对涉税案件增多的情况，甚至进行税务法庭试点打好基础，做好铺垫。

总结与展望

税收法治建设是国家采取依法治国方式，达到建设社会主义法治国家目标，并最终实现国家治理现代化的一个重要环节和突破口。国家治理现代化对税收法治建设的内在要求是适应现代生产力的需要，保护纳税人权利并最终推进人的全面发展；对其的外在要求是树立税收法治权威，发挥纳税人的能动性和创造性，征税机关转变职能和利用现代信息技术推进税收法治建设。

改革开放40多年来，我国税收法治建设虽取得了一定成绩，但仍有较大的改善空间。我国税收立法、税收法律文化、税收执法和税收司法当中还存在着一系列对纳税人权利保护力度有待提高的问题，制约着我国税收法治建设的前进步伐。因此，在税收立法方面，建议加大税收立法公开度，提高公众参与度，停止税收法律授权来体现民主精神；科学立法，清理规范性文件，完善并修订相关税收法律法规，增强税收法律规定的可操作性。税收法律文化方面，提倡纳税人权利本位文化，提高税款使用透明度，通过提升税务服务水平，降低纳税人依法纳税成本，建立个体工商户和自然人纳税人的纳税信用管理办法及充分保障纳税人合法权益的方式，增强纳税人诚信纳税意识。税收执法方面，应有法必依，执法必严，放弃预算约束税收模式，取消向税务机关下达税收收入任务的做法，约束税务机关的自由裁量权，规范执法程序；要增强税收执法的体制内约束，加强税收执法的社会监督，提升税收执法人员素质。税收司法方面，建议逐步实现司法独立，加强舆论监督，探索建立纳税人公益诉讼制度，并加强专业税务审判人员的培养。

虽然本书以国家治理现代化为切入点，运用社会调查的实证分析方法对我国税收法治建设进行了初步研究，但用《中国税务稽查年鉴》《中国统计年鉴》和"北大法宝"数据库中的部分数据及社会调查得到的有限的主观数据来衡量税收法治的发展状况和程度，存在代表性和客观性不足的问题。今后应该在完善的税收法治数据库的基础上，将具备完整性的客观数据和数量更庞大、代表性更足的主观数据结合起来，共同衡量我国税收法治的发展程度。此外，本书从国家治理现代化对税收法治建设的要求出发，侧重于考察纳税人权利保护程度对税收法治建设的影响效应，在提出完善税收法治建设的对策建议上，也偏向于保护纳税人权利。影响税收法治建设的因素除了纳税人权利保护程度之外，还有其他因素，因此，今后可扩展研究影响税收法治建设的其他因素，并提出相应的完善建议。

附录 1

税收法治专家评估问卷

为了解我国税收法治发展状况，特邀请您对我国税收法治建设的五个方面进行赋权和评分（评估说明请参见〈税收法治专家评估表〉word 文档）。评估结果是匿名的，仅作研究用。非常感谢您的支持和参与！

1. "税收良法"的比重（1~10 分）、现状分数（1~100 分）[单行文本题]

2. "税务机关依法征税"的比重（1~10 分）、现状分数（1~100 分）[单行文本题]

3. "税收司法独立、权威"的比重（1~10 分）、现状分数（1~100 分）[单行文本题]

4. "有限的政府权力"的比重（1~10 分）、现状分数（1~100 分）[单行文本题]

5. "纳税人依法纳税"的比重（1~10 分）、现状分数（1~100 分）[单行文本题]

6. 希望您对各条件所给的比重和现状分数作适当精简的解释 [多行文本题]

税收法治专家评估说明

为了解我国税收法治发展状况，特邀请您对我国税收法治建设的五个方面进行重要性评价和评分（请您在腾讯问卷上进行评价和评分）。评估结果是匿名的，仅作研究用。非常感谢您的支持和参与！

表1　　　　　　　　　　税收法治评估表

	条件	重要性程度 1（不太重要）→10（非常重要）	分数 （100分制）
1	税收良法		
2	税务机关依法征税		
3	税收司法独立、权威		
4	有限的政府权力		
5	纳税人依法纳税		

填表说明：

表2中包括对税收法治的五项主要条件的简要说明，这五项条件是从不同的法治研究文章及著作中归纳并有系统地罗列出来的。

为检视这些条件是否是适当的税收法治指标，特邀请专家评审者对表1中列明的五项条件分别作出1~10分的重要性程度评分（五项条件分别对于税收法治的重要性程度，1分为"不太重要"，10分为"非常重要"）。与此同时，请专家评审者结合我国税收法治现状，对每项税收法治条件的现状打分（0~100分，50分为及格）。

注：专家评审者也可为所给的分数作适当精简的解释。

表2　　　　　　　　　　税收法治的五项条件

（1）税收良法

a. 税收立法的民主性。
税收立法的民主性。税收立法权由立法机关统一行使，税收立法的各个环节，如立法提案的草拟、立法草案的征求意见以及立法出台前的讨论与修改，都体现了广大纳税人的意志。

b. 税收法律的公平性。
立法机关制定出来的税收法律规范对不同的纳税人来说是公平的。

续表

　　c. 税收立法的普遍性。
　　所有涉税事项，特别是政府涉税行为，都被纳入进了税收法律规范。
　　d. 税收立法的科学性。
　　税收立法的科学性。税收法律规范的要素齐备，结构完整，内容确定，语言文字精确，不存在歧义。

（2）税务机关依法征税

　　a. 良好的纳税服务。
　　税务机关向纳税人提供便捷、高效的纳税服务。
　　b. 征税程序规范。
　　税务机关依法定程序进行涉税事项审批、税务评估、纳税信用等级评定等工作；严格税务稽查，实施税务检查不干扰纳税人的正常生产经营。
　　c. 征税结果公正。
　　税务机关在税收征管过程中平等地对待每一位纳税人，在行使自由裁量权时不存在显失公平的情形。

（3）税收司法独立、权威

　　a. 税收司法的独立性。
　　在税务行政诉讼和税务刑事诉讼过程中，司法机构和法官在适用法律和事实认定上只服从法律，不受其他行政机关、社会团体或个人的外在压力影响。
　　b. 税收司法的公平性。
　　法院作出的涉税判决对当事各方来说是公平合理的，不存在争议。
　　c. 税收司法的权威性。
　　法院对各类税务纠纷作出的最终判决是最权威的判决，当事各方均严格遵守和执行。

（4）有限的政府权力

　　a. 政府通过税收进行经济宏观调控而修改、新设税法规范，受税法的民主性所限，征求纳税人意见，取得广大纳税人同意。
　　b. 政府在纳税人监督下支出税款。

（5）纳税人依法纳税

　　纳税人积极主动申报纳税，逃税规模小。

附录 2

税收法治感知度调查问卷

您好：

为了解目前我国居民及纳税人对税收法治的整体感知度，现采取抽样问卷的方式进行调查。问卷不记名填写，所有回答将严格保密，您的回答将为我们进行相关研究提供参考依据。

感谢您的积极支持和参与！

1. 您对涉及自身税务事项的税收法律、法规、规章、规范性文件等政策性规定了解吗？［单选题］
   A. 完全不了解　　　　B. 比较不了解　　　　C. 一般
   D. 比较了解　　　　　E. 完全了解

2. 您对 2019 年 1 月 1 日实施的新个人所得税法的态度：［单选题］
   A. 非常不满意　　　　B. 比较不满意　　　　C. 不确定
   D. 比较满意　　　　　E. 非常满意

3. 您对立法机关拟制定房地产税法的态度：［单选题］
   A. 非常不赞同　　　　B. 比较不赞同　　　　C. 无所谓
   D. 比较赞同　　　　　E. 非常赞同

4. 您对税务局提供的综合纳税服务的评价：［单选题］
   A. 非常不满意　　　　B. 比较不满意　　　　C. 不确定
   D. 比较满意　　　　　E. 非常满意

5. 您对税务局的涉税审批工作的评价：［单选题］
   A. 非常不满意　　　　B. 比较不满意　　　　C. 不确定
   D. 比较满意　　　　　E. 非常满意

6. 您对税务局的税务评估工作的评价：［单选题］
   A. 非常不满意　　　　B. 比较不满意　　　　C. 不确定
   D. 比较满意　　　　　E. 非常满意

7. 您对税务局的纳税信用等级评定工作的评价：[单选题]

　　A. 非常不满意　　　　B. 比较不满意　　　　C. 不确定

　　D. 比较满意　　　　　E. 非常满意

8. 您对税务局的税务检查工作的评价：[单选题]

　　A. 非常不满意　　　　B. 比较不满意　　　　C. 不确定

　　D. 比较满意　　　　　E. 非常满意

9. 您对税务局的税务稽查工作的评价：[单选题]

　　A. 非常不满意　　　　B. 比较不满意　　　　C. 不确定

　　D. 比较满意　　　　　E. 非常满意

10. 您对税务局工作人员廉洁自律的评价：[单选题]

　　A. 非常不满意　　　　B. 比较不满意　　　　C. 不确定

　　D. 比较满意　　　　　E. 非常满意

11. 您对税务机关税务行政复议工作的评价：[单选题]

　　A. 非常不满意　　　　B. 比较不满意　　　　C. 不确定

　　D. 比较满意　　　　　E. 非常满意

12. 您认为涉税司法审判的程序规范吗？[单选题]

　　A. 非常不规范　　　　B. 比较不规范　　　　C. 不确定

　　D. 比较规范　　　　　E. 非常规范

13. 您对涉税司法审判结果的评价：[单选题]

　　A. 非常不公正　　　　B. 比较不公正　　　　C. 不确定

　　D. 比较公正　　　　　E. 非常公正

14. 您认为大多数人愿意纳税吗？[单选题]

　　A. 非常不愿意　　　　B. 比较不愿意　　　　C. 不确定

　　D. 比较愿意　　　　　E. 非常愿意

15. 您认为政府愿意公开税款支出情况吗？[单选题]

　　A. 非常不愿意　　　　B. 比较不愿意　　　　C. 不确定

　　D. 比较愿意　　　　　E. 非常愿意

16. 您对立法机关制定税收法律法规时公开征求意见的效果评价：[单选题]

　　A. 非常不满意　　　　B. 比较不满意　　　　C. 不确定

D. 比较满意　　　　　E. 非常满意

17. 您对税款的支出受到纳税人监督的评价：[单选题]

A. 非常不满意　　　B. 比较不满意　　　C. 不确定

D. 比较满意　　　　　E. 非常满意

18. 您认为现行税收法律法规对不同的纳税人公平吗？[单选题]

A. 非常不公平　　　B. 比较不公平　　　C. 不确定

D. 比较公平　　　　　E. 非常公平

19. 您对与自身相关的办税时间、方式、步骤、应纳税额核定等情况了解吗？[单选题]

A. 完全不了解　　　B. 比较不了解　　　C. 一般

D. 比较了解　　　　　E. 完全了解

20. 您对税务机关保护纳税人商业秘密和个人隐私的效果评价：[单选题]

A. 非常不满意　　　B. 比较不满意　　　C. 不确定

D. 比较满意　　　　　E. 非常满意

21. 您对税务机关受理和处理投诉举报的评价：[单选题]

A. 非常不满意　　　B. 比较不满意　　　C. 不确定

D. 比较满意　　　　　E. 非常满意

22. 您申请延期申报税款或延期缴纳税款便利吗？[单选题]

A. 非常不便利　　　B. 比较不便利　　　C. 不确定

D. 比较便利　　　　　E. 非常便利

23. 当纳税人受到行政处罚时，您对税务机关允许并接受纳税人的陈述与申辩的评价：[单选题]

A. 非常不满意　　　B. 比较不满意　　　C. 不确定

D. 比较满意　　　　　E. 非常满意

24. 纳税人因税款征收行为申请行政复议，您对纳税人在行政复议前需先缴纳税款或提供担保的态度？[单选题]

A. 完全不赞同　　　B. 比较不赞同　　　C. 无所谓

D. 比较赞同　　　　　E. 完全赞同

25. 您的身份：[单选题]

A. 自然人纳税人　　B. 企业一般办税人员　　C. 企业财务负责人

D. 企业法定代表人　　　E. 其他

26. 您的最高学历：[单选题]

A. 初中及以下　　　　B. 高中/中专　　　　C. 大专

D. 本科　　　　　　　E. 研究生

27. 您平均每月的收入水平（元）：[单选题]

A. 3000 及以下　　　　B. 3001~5000　　　　C. 5001~8000

D. 8001~12000　　　　E. 12000 以上

28. 您的年龄：[单选题]

A. 18~24 岁　　　　　B. 25~34 岁　　　　　C. 35~44 岁

D. 45~54 岁　　　　　E. 55~65 岁

29. 您的性别：[单选题]

A. 男　　　　　　　　B. 女

参 考 文 献

一、著作类

[1]（日）北野弘久：《税法学原论（第4版）》，吉田庆子等译，中国检察出版社2001年版。

[2] 崔皓旭：《宪政维度下的税收研究》，知识产权出版社2010年版。

[3] 段治文、钟学敏、詹于虹：《中国现代化进程》，浙江大学出版社2008年版。

[4]（英）戴雪：《英宪精义》，雷宾南译，中国法制出版社2001年版。

[5] 戴子钧、胡立升：《税收法治研究》，经济科学出版社2006年版。

[6] 付志宇：《近代中国税收现代化进程的思想史考察》，西南财经大学出版社2015年版。

[7] 樊丽明、张斌：《税收法治研究》，经济科学出版社2004年版。

[8] 郭根山：《毛泽东与中国现代化道路——以世界现代化进程为视点》，中央文献出版社2005年版。

[9] 黄秋波：《服务业与服务贸易论丛》，浙江大学出版社2016年版。

[10]（日）金子宏：《日本税法原理》，刘多田等译，中国财政经济出版社1989年版。

[11] 金碚：《大国筋骨——中国工业化65年历程与思考》，广东经济出版社2015年版。

[12] 刘剑文：《财税法专题研究》，北京大学出版社2015版。

[13] 刘剑文：《财税法——原理、案例与材料（第二版）》，北京大学出版社2015年版。

[14] 刘剑文：《追寻财税法的真谛：刘剑文教授访谈录》，法律出版社2009年版。

［15］罗荣渠：《现代化新论——世界与中国的现代化进程》，商务印书馆 2004 年版。

［16］刘溶沧、杨刚：《财政学导论》，中国社会科学院研究生院内部教材 1997 年。

［17］李建人：《英国税收法律主义的历史源流》，法律出版社 2012 年版。

［18］刘剑文：《强国之道——财税法治的破与立》，社会科学文献出版社 2013 年版。

［19］毛程连：《西方财政思想史》，经济科学出版社 2003 年版。

［20］钱弘道等：《法治评估的实验——余杭案例》，法律出版社 2012 年版。

［21］秦玉娈：《中国国民税权法律保障问题研究》，法律出版社 2013 年版。

［22］孙玉霞：《税法遵从：理论与实证》，社会科学文献出版社 2008 年版。

［23］汤贡亮：《中国财税改革与法治研究（第二版）》，中国税务出版社 2008 年版。

［24］谭志哲：《当代中国税法理念转型研究——从依法治税到税收法治》，法律出版社 2013 年版。

［25］王乔、席卫群：《法治中国背景下税收制度建设研究》，人民出版社 2017 年版。

［26］杨颖：《税法的惩罚性规则研究》，法律出版社 2014 年版。

［27］尹守香：《我国税收立法权配置问题研究》，经济管理出版社 2014 年版。

［28］俞可平：《论国家治理现代化》，社会科学文献出版社 2014 年版。

［29］翟继光：《财政法学原理——关于政府与纳税人基本关系的研究》，经济管理出版社 2011 年版。

［30］中国政法大学法治政府研究院：《中国法治政府评估报告（2017）》，社会科学文献出版社 2016 年版。

［31］张保生：《中国司法文明指数报告（2016）》，中国政法大学出版

社 2016 年版。

［32］Babbie, E. The practice of social research［M］. Wadsworth Publishing Company, 1998.

二、期刊类

［1］艾希繁：《税收法治视角下的国税地税征管体制改革》，《华南理工大学学报》2019 年第 3 期。

［2］陈少克：《税制调整：税收法治环境如何制约税制转型》，《郑州大学学报》2015 年第 5 期。

［3］陈兵、程前：《美国税收法治生成的历史之维及启示》，《法治现代化研究》2018 年第 6 期。

［4］陈隆：《国家治理体系和能力现代化框架下税收征管"新常态"的构建》，《税收经济研究》2015 年第 2 期。

［5］陈志勇、姚林：《税收法定主义与我国课税权法治化建设》，《财政研究》2007 年第 5 期。

［6］陈国富：《以信息化为依托，全面推行税收执法责任制》，《中国税务》2008 年第 11 期。

［7］陈力朋、刘华、徐建斌：《税收感知度、税收负担与居民政府规模偏好》，《财政研究》2017 年第 3 期。

［8］陈义荣：《基于博弈视角的税收文化再造》，《山东社会科学》2010 年第 7 期。

［9］丁源：《税务管理现代化浅析》，《税务研究》2014 年第 12 期。

［10］窦清红：《"完善税制与推进税收法治"学术研讨会暨 2014 年度"邓子基财税学术论文奖"颁奖在南昌举行》，《税务研究》2015 年第 6 期。

［11］杜飞进：《国家治理现代化的关键》，《人民论坛》2014 年第 7 期。

［12］戴耀廷：《香港的法治指数》，《环球法律评论》2007 年第 6 期。

［13］邓伟：《论我国税务司法专业化》，《人大法律评论》2017 年第 1 期。

［14］冯诗婷、郑俊萍：《税收本质与纳税人权利保护之理论基础》，《税务研究》2017 年第 3 期。

[15] 冯辉：《经济国家与纳税人权利研究的新思路》，《税务研究》2011年第2期。

[16] 樊静：《中西方税收法律文化比较研究》，《烟台大学学报（哲学社会科学版）》2003年第1期。

[17] 付子堂、张善根：《地方法治建设及其评估机制探析》，《中国社会科学》2014年第11期。

[18] 贵州省国家税务局课题组：《基层税务部门税收法治建设问题研究》，《税收经济研究》2016年第1期。

[19] 龚学泉：《〈行政诉讼法〉的修改与税务机关的应对》，《税务研究》2015年第12期。

[20] 郭名宏：《税收法治的纳税人权利保护逻辑与实践》，《长江大学学报》2016年第5期。

[21] 郭艳：《党纪与国法：国家治理现代化的两个支点》，《人民论坛》2017年第8期。

[22] 顾瞳瞳：《在法治政府框架下进一步转变政府职能》，《行政与法》2015年第6期。

[23] 葛玉御、宫映华：《借势人工智能，实现税收现代化》，《税务研究》2018年第6期。

[24] 高培勇：《由适应市场经济体制到匹配国家治理体系——关于新一轮财税体制改革基本取向的讨论》，《财贸经济》2014年第3期。

[25] 胡必坚：《税收法治进程中的纳税人意思表示》，《河北法学》2014年第4期。

[26] 郝琳琳：《整体观视野下社会主要矛盾的化解与财税法治的回应》，《法学杂志》2018年第3期。

[27] 黄运：《现代化税制的基本特征探析》，《中国税务》2014年第3期。

[28] 韩灵丽：《论税收法治》，《税务研究》2006年第5期。

[29] 胡勇辉：《借鉴国外经验治理我国税收流失》，《当代财经》2004年第3期。

[30] 胡必坚：《论我国税收法律文化的转型》，《广西社会科学》2013

年第 10 期。

[31] 胡翔：《德国税务司法制度特点及借鉴》，《国际税收》2016 年第 9 期。

[32] 洪小东：《改革开放四十年纳税人权利保护考察——基于"学术史"与"制度史"的双重视角》，《理论月刊》2019 年第 1 期。

[33] 韩国荣、范巧玲：《纳税人权益保护：进展及方向》，《中国税务》2012 年第 6 期。

[34] 何增科：《国家治理现代化的维度与面向》，《人民论坛》2014 年第 9 期。

[35] 韩庆祥：《如何破解"分蛋糕"阶段性难题》，《人民论坛》2014 年第 7 期。

[36] 江西财经大学课题组：《法治背景下我国税制结构的优化研究》，《税务研究》2018 年第 12 期。

[37] 江苏省镇江市国税局欠税追征课题组：《欠税追征工作：现状、问题与对策》，《税务研究》2015 年第 12 期。

[38] 姜庆丹、赵研：《纳税人权利保护在新一轮税制改革中的立法构建》，《东北大学学报》2012 年第 3 期。

[39] 金太军、鹿斌：《社会治理新常态下的地方政府角色转型》，《中国行政管理》2016 年第 10 期。

[40] 金丹丹：《当前税收执法风险产生的原因分析》，《经贸实践》2016 年第 3 期。

[41] 靖树春：《部分发达国家"互联网+税务"的实践与借鉴》，《税收经济研究》2016 年第 6 期。

[42] 李刚：《论税收调控法与税法基本原则的关系》，《厦门大学学报》2008 年第 3 期。

[43] 李建英、叶欣：《关于税收法治建设的研究》，《税收经济研究》2016 年第 4 期。

[44] 廖志雄：《避税与反避税——新西兰的立法和司法实践及其启示》，《经济法学评论》2011 年第 1 期。

[45] 卢洪友：《从建立现代财政制度入手推进国家治理体系和治理能力

现代化》,《地方财政研究》2014年第1期。

[46] 刘剑文:《落实税收法定原则的现实路径》,《政法论坛》2015年第3期。

[47] 刘剑文:《财税法功能的定位及其当代变迁》,《中国法学》2015年第4期。

[48] 刘剑文:《我国财税法治建设的破局之路——困境与路径之审思》,《现代法学》2013年第3期。

[49] 刘剑文:《论国家治理的财税法基石》,《中国高校社会科学》2014年第3期。

[50] 刘剑文、王桦宇:《公共财产权的概念及其法治逻辑》,《中国社会科学》2014年第8期。

[51] 刘剑文:《落实税收法定原则的意义与路径》,《中国人大》2017年第10期。

[52] 刘剑文、耿颖:《税收法定原则的完整内涵及现实意义》,《中国证券期货》2015年第3期。

[53] 吕勇:《法治权威与中国的现代性——兼评当代中国的新权威主义思潮》,《前沿》2015年第12期。

[54] 李万甫:《提高税收立法质量的思考》,《中国税务》2011年第7期。

[55] 李万甫:《落实税收法定原则推动税制改革成果法制化》,《国际税收》2014年第5期。

[56] 李万甫、牛军栋:《关于健全我国税法体系的若干思考》,《税收经济研究》2014年第4期。

[57] 卢洪友、张楠:《国家治理逻辑下的税收制度:历史线索、内在机理及启示》,《社会科学》2016年第4期。

[58] 刘松山:《当代中国处理立法与改革关系的策略》,《法学》2014年第1期。

[59] 李大庆:《财税体制科学化与税收程序契约化的法律路径——兼评我国〈税收征管法〉的修改》,《税务研究》2014年第6期。

[60] 李三江:《变革、挑战与应对——"互联网+"下的税收治理》,

《税务研究》2016 年第 5 期。

[61] 林晓:《税收公平的四种体现与重塑我国税收公平机制》,《税务研究》2002 年第 4 期。

[62] 李俊英:《基于公平与效率目标对修订我国〈税收征管法〉的思考》,《税务研究》2009 年第 3 期。

[63] 李辉、蔡静:《公民参与社会治理的能力亟待提升》,《人民论坛》2017 年第 2 期。

[64] 李忠杰:《治理现代化科学内涵与标准设定》,《人民论坛》2014 年第 7 期。

[65] 李祥、杨凤春:《国家治理的价值内蕴及其实践路径研究》,《社会主义研究》2016 年第 3 期。

[66] 刘楚汉、王文彦、张木生、张迪恩、刘勇、高培勇、毕志伦、谢圣明、师彭辰、许建国:《探索现代税收服务新方略——湖北国税"建设服务型税务机关"高级研讨会观点摘编》,《中国税务》2003 年第 7 期。

[67] 刘学宗、张建、于书彦:《关于量表的信度和效度》,《首都医科大学学报》2001 年第 4 期。

[68] 陆猛、吴国玖:《从税法不确定性视角探讨税收法定原则落实》,《税务研究》2017 年第 1 期。

[69] 李旭鸿:《试论税收立法权》,《税务研究》2011 年第 11 期。

[70] 李如松、于兴伟:《小争议引出税务稽查执法大思考》,《中国税务》2017 年第 6 期。

[71] 马骁、周克清:《国家治理、政府角色与现代财政制度建设》,《财政研究》2016 年第 1 期。

[72] 马列:《税收治理现代化视野下的纳税服务》,《税务研究》2015 年第 10 期。

[73] 毛云芳、林擎国:《现代税收文化内涵及其建设的再探讨》,《税务与经济》2005 年第 1 期。

[74] 孟涛:《国际法治评估的种类、原理与方法》,《清华法治论衡》2015 年第 2 期。

[75] 孟涛:《法治指数的建构逻辑:世界法治指数分析及其借鉴》,

《江苏行政学院学报》2015 年第 1 期。

[76] 孟涛：《法治的测量：世界正义工程法治指数研究》，《政治与法律》2015 年第 5 期。

[77] 马建红：《传统法律文化调适的必要与可能》，《法学杂志》2012 年第 12 期。

[78] 马克和：《我国"税收法定主义"：问题与对策》，《财政研究》2010 年第 9 期。

[79] 牛军栋：《推进税收法治需要大力弘扬法的精神》，《中国税务》2011 年第 2 期。

[80] 彭诚、廖东进、李远华：《法治视域中的基层税收执法监督机制问题探析》，《江汉大学学报》2016 年第 8 期。

[81] 彭骥鸣、余大庆：《君主专制与 16 世纪中英税收法律文化》，《税务与经济》2011 年第 6 期。

[82] 彭志强：《论我国的税收立法质量》，《税收经济研究》2014 年第 6 期。

[83] 钱弘道、戈含锋、王朝霞、刘大伟：《法治评估及其中国应用》，《中国社会科学》2012 年第 4 期。

[84] 钱弘道：《2012 年度余杭法治指数报告》，《中国司法》2013 年第 11 期。

[85] 阮博：《国家治理现代化研究综述》，《社会主义研究》2015 年第 4 期。

[86] 任晓兰、彭瑞：《我国税收执法权力规范化问题探析》，《财政监督》2017 年第 10 期。

[87] 施宏：《税收法定的前提是纳税人权利法定》，《国际税收》2014 年第 8 期。

[88] 史正保：《构建我国税收司法组织机构体系的设想》，《西部法学评论》2008 年第 6 期。

[89] 孙隆英：《构建涉外案件"税务机关＋法院"税收征管协作机制的设想》，《中国税务》2017 年第 1 期。

[90] 施正文：《税收征管规范化：税收管理事业的里程碑事件》，《中

国税务》2015 年第 9 期。

[91] 施正文：《税收法定原则框架下的税收法律体系》，《社会科学辑刊》2015 年第 4 期。

[92] 孙来斌：《德国国家治理的经验与启示》，《人民论坛》2016 年第 6 期。

[93] 帅佳明：《落实税收法定主义的路径抉择——以国家与纳税人法律关系边界为切入口》，《中南财经政法大学研究生学报》2016 年第 1 期。

[94] 滕祥志：《税法行政解释的中国实践与法律规制——开放税收司法的逻辑证成》，《北方法学》2017 年第 6 期。

[95] 涂龙力、解爱国：《论税收法治的现代化》，《税务研究》2005 年第 4 期。

[96] 汤贡亮：《正确认识税收调节职能与作用全面推进税制改革与法治建设》，《财政监督》2011 年第 20 期。

[97] 汤贡亮、曹明星：《把握经济转型的时代定位推进税收体制的全面改革》，《涉外税务》2012 年第 12 期。

[98] 田宏伟：《法律文化与法律信仰之辨》，《求索》2011 年第 6 期。

[99] 田彬彬、范子英：《征纳合谋、寻租与企业逃税》，《经济研究》2018 年第 5 期。

[100] 谭珩：《试论税收的基本原则》，《税务研究》1997 年第 9 期。

[101] 涂京骞、涂龙力：《落实税收法定原则是全面推进依法治税的新常态》，《税务研究》2015 年（增）。

[102] 吴欢：《经济新常态条件下法治中国建设的时代议题——"经济新常态与中国法治发展"智库圆桌会议综述》，《法学》2016 年第 6 期。

[103] 吴传毅：《"四个全面"战略布局下的法治中国建设》，《行政论坛》2016 年第 4 期。

[104] 吴西峰：《中国税收治理指导思想论要》，《税务研究》2018 年第 2 期。

[105] 吴军亮：《从税法基本原则看我国扩征房产税》，《法制与经济》2011 年第 12 期。

[106] 吴天宇：《税收法定主义抑或税收收入法定主义？——税收功能

视角下的税收法定理论简析》,《经济法研究》2013 年第 2 期。

[107] 吴霖:《论我国税收立法技术之完善》,《税务研究》2007 年第 6 期。

[108] 武靖国:《税收治理秩序变迁的逻辑——论依法治税与任务治税》,《财政研究》2016 年第 9 期。

[109] 武海燕、冯绍伍:《现代税收法治的内涵与评价》,《税务研究》2016 年第 6 期。

[110] 魏雪梅:《我国税收法定原则的法治化进程研究》,《税务研究》2016 年第 2 期。

[111] 魏雪梅:《实现税收法治的国际经验借鉴》,《税务研究》2017 年第 2 期。

[112] 魏晓丽:《平等思想的法学阐释与分析》,《黑龙江社会科学》2009 年第 4 期。

[113] 吴华、黄路娜:《税收法治化框架下的稽查工作思考》,《中国税务》2018 年第 7 期。

[114] 王超:《从税法公平原则谈我国增值税法的完善》,《河北理工大学学报》2007 年第 8 期。

[115] 王恒亮:《论我国税收司法的困境》,《山西财经大学学报》2009 年第 4 期。

[116] 王国侠:《财政支出"用之于民"的司法救济:纳税人诉讼》,《社会治理》2015 年第 1 期。

[117] 王霞、陈辉:《税收救济"双重前置"的法律经济学解读规则》,《税务研究》2015 年第 3 期。

[118] 王婷婷:《财政社会学研究与中国税收法治发展:理论述评与制度建构》,《经济法论坛》2018 年第 2 期。

[119] 王京梁、高振华:《近代中国税收现代化进程略考》,《财政监督》2013 年第 22 期。

[120] 王海勇:《略论税收法定原则》,《中国税务》2015 年第 9 期。

[121] 汪康:《完善我国税收立法的思考》,《扬州大学税务学院学报》2008 年第 4 期。

[122] 王玲：《中西法律文化冲突的消解与融合》，《东岳论丛》2011年第12期。

[123] 王励：《我国税收现代化进程中的程序税制改革探讨》，《大理大学学报》2017年第5期。

[124] 王军：《论税收效率问题》，《税务研究》2015年第12期。

[125] 王三秀：《法律权威理念与社会法治化进程》，《广西社会科学》2001年第2期。

[126] 王刚：《权威·权力·权利：探索法治的三维建构》，《青海社会科学》1999年第1期。

[127] 王浩：《论我国法治评估的多元化》，《法制与社会发展》2017年第5期。

[128] 汪全胜、黄兰松：《我国法治指数设立的规范化考察》，《理论学刊》2015年第5期。

[129] 武汉市地方税务局课题组：《深化我国税收法治现代化建设的对策》，《税务研究》2016年第2期。

[130] 翁武耀、蓝昕、周玉昕：《外国纳税人的权利保护及其立法借鉴》，《研究生法学》2017年第6期。

[131] 文杰：《创新社会管理在基层税收执法工作中的实践探索》，《税务研究》2011年第10期。

[132] 徐孟洲：《论税法的基本原则》，《经济法学评论》2001年第1期。

[133] 许建国：《税收公平问题的理论渊源与现实思考》，《税务研究》2017年第5期。

[134] 许多奇：《保护纳税人权利是税收法定的灵魂》，《财经》2016年第25期。

[135] 许多奇：《论税法量能平等负担原则》，《中国法学》2013年第5期。

[136] 谢琳：《改革开放四十年中国的法治税收研究——数据、理论与实践》，《常州大学学报》2018年第11期。

[137] 谢鹏程：《论当代中国的法律权威——对新中国法治进程的反思

和探索》，《中国法学》1995 年第 6 期。

［138］熊英：《从征管法的修订看依法治税》，《法学杂志》2001 年第 6 期。

［139］熊伟：《法治视野下清理规范税收优惠政策研究》，《中国法学》2014 年第 6 期。

［140］熊伟：《法治财税：从理想图景到现实诉求》，《清华法学》2014 年第 5 期。

［141］熊伟：《论我国的税收授权立法制度》，《税务研究》2013 年第 6 期。

［142］熊滨：《税收法定原则：宪政主义的公共财政基础》，《江西社会科学》2008 年第 3 期。

［143］邢国辉：《论税法上的公平原则》，《税务研究》2008 年第 12 期。

［144］席卫群、胡芳：《税务事先裁定制度在我国的建立：前景与挑战》，《税务研究》2018 年第 7 期。

［145］燕继荣：《中国的国家治理现代化：理论构建与实践创新方向》，《前沿理论》2017 年第 3 期。

［146］杨得前：《司法廉洁、安全与税收道德——以 OECD 国家为例》，《税务与经济》2008 年第 2 期。

［147］俞光远：《全面落实税收法定原则的目标与路径》，《地方财政研究》2018 年第 10 期。

［148］杨晓妹：《权力经济背景下的税收执法环境探析》，《地方财政研究》2009 年第 12 期。

［149］杨斌：《中西文化差异与税制改革——以增值税和个人所得税为例》，《税务研究》2003 年第 5 期。

［150］杨斌：《论税收治理的现代性》，《税务研究》2010 年第 5 期。

［151］杨志强：《新形势下全面推进税收法治建设研究》，《中国政法大学学报》2015 年第 6 期。

［152］杨林：《略论税收法定主义原则》，《广西社会科学》2003 年第 1 期。

［153］杨卫红：《论税收执法风险的法律控制》，《税收经济研究》2011

年第 1 期。

[154] 余菁、张雁：《美国欠税强制拍卖制度及启示》，《国际税收》2014 年第 10 期。

[155] 余倩影、刘剑文：《税收法定主义：从文本到实践的挑战与路径》，《辽宁大学学报》2016 年第 11 期。

[156] 余顺坤、武晓龙：《经济转型时期地方政府职能如何转变，怎样定位》，《人民论坛》2017 年第 2 期。

[157] 朱大旗、张牧君：《美国纳税人权利保护制度及启示》，《税务研究》2016 年第 3 期。

[158] 朱德莉、杨莉芸：《"公平与效率"视角下中国税收法制框架的设计》，《经济研究导刊》2014 年第 8 期。

[159] "中国政治体制改革研究"课题组：《建设一个民主和法治的现代化国家——中国政治体制改革研究报告总论》，《经济研究参考》2007 年第 31 期。

[160] 中国行政管理学会课题组：《深化"放管服"改革，建设人民满意的服务型政府》，《中国行政管理》2019 年第 3 期。

[161] 赵宇：《税收法定原则下税收契约的思考》，《税收经济研究》2018 年第 2 期。

[162] 赵晓丽：《税收司法化初探》，《河北法学》2009 年第 11 期。

[163] 赵永辉、李林木：《威慑机制、遵从激励与面向高收入者的最优税收执法》，《当代财经》2014 年第 2 期。

[164] 张木生、涂龙力：《新形势下的税收法治体系建设》，《税务研究》2015 年第 2 期。

[165] 张成松：《税收规范性文件的正当性研究：以司法审查为中心》，《云南大学学报》2016 年第 3 期。

[166] 张守文：《税制变迁与税收法治现代化》，《中国社会科学》2015 年第 2 期。

[167] 张守文：《论"发展导向型"的税收立法》，《法学杂志》2016 年第 7 期。

[168] 张守文：《论税收法定主义》，《法学研究》1996 年第 6 期。

[169] 张霄、王志伟：《论我国个人所得税的法治化征管》，《税务研究》2017年第3期。

[170] 张雷宝：《税收治理现代化：从现实到实现》，《税务研究》2015年第10期。

[171] 张斌、樊丽明：《税收法治的内涵与目标》，《税务研究》2002年第4期。

[172] 张晶、陈巍：《试论纳税人权利保护制度》，《经营管理者》2014年第30期。

[173] 张仲芳、李春根、舒成：《税收公平与税收遵从》，《税务研究》2015年第12期。

[174] 张永华、肖君拥：《论税收法定主义之内涵——对日本学者金子宏学说的一点质疑》，《财经理论与实践》2004年第1期。

[175] 张明军、易承志：《重构法治权威：中国国家、市场、社会的有序发展之道》，《国际社会科学杂志》2014年第3期。

[176] 张李娟：《政府职能转变要顺民心、合民意》，《人民论坛》2016年第10期。

[177] 张小劲：《从更长的历史时段来理解"国家治理现代化"论断》，《人民论坛》2014年第4期。

[178] 张志铭、于浩：《共和国法治认识的逻辑展开》，《法学研究》2013年第3期。

[179] 张琼：《法治评估的技术路径与价值偏差——从对"世界正义工程"法治指数的审视切入》，《环球法律评论》2018年第3期。

[180] 张松、张瑞杰：《税制改革要落实税收法定原则》，《地方财政研究》2015年第10期。

[181] 张义军、王艳红：《税制效率与征管效率不协同的原因及对策》，《税务研究》2014年第9期。

[182] 郑智勇：《税收立法应引进"合规性"管理理念》，《税务研究》2007年第3期。

[183] 郑立婷：《纳税人权利保护研究的回顾与展望》，《卷宗》2015年第6期。

[184] 周序中、彭艳芳:《论我国税收立法的价值取向——以执法风险防范为视角》,《行政与法》2010年第12期。

[185] 周莹:《宪法视野下我国税收法制建设的完善》,《河南师范大学学报》2015年第5期。

[186] 周广仁:《加快税收信息化建设促进依法治税》,《税务研究》2001年第8期。

[187] 臧耀民:《以征管现代化为引擎推进税收现代化》,《税务研究》2014年第8期。

[188] 翟中玉:《法治中国视阈下税权平衡的概念及其价值》,《河北法学》2018年第6期。

[189] Bartmann, A. Making Taxpayer Rights Real: Overcoming Challenges to Integrate Taxpayer Rights into a Tax Agency's Operations [J]. Tax Lawyer, 2016 (3): 597 – 624.

[190] Branson Q., C. C. The International Exchange of Information on Tax Matters and the Rights of Taxpayers [J]. Australian Tax Review, 2004 (2): 71 – 88.

[191] Bevacqua, J. Redressing the Imbalance——Challenging the Effectiveness of the Australian Taxpayers' Charter [J]. Australian Tax Forum, 2013 (2): 377 – 400.

[192] Ben – Ami, D. Blurring Tax Avoidance and Evasion Jeopardises Rule of Law [J]. Fundweb, 2015 (2): 5 – 6.

[193] Delaney, T. K. Presumptive Collection: A Prospect Theory Approach to Increasing Small Business Tax Compliance [J]. Tax Law Review, 2013: 1 – 56.

[194] Diepvens, N. & Debelva, F. The Evolution of the Exchange of Information in Direct Tax Matters: The Taxpayer's Rights under Pressure [J]. EC Tax Review, 2015 (4): 210 – 219.

[195] Fogg, K. & Jozipovix, S. How Can Tax Collection be Structured to Observe and Preserve Taxpayer Rights: A Discussion of Practices and Possibilities [J]. Tax Lawyer, 2016 (3): 513 – 566.

[196] Goldin, M. Review of the Meetings of the Government of the RF in February 2013 [J]. Russian Economic D evelopments, 2013 (3): 44 – 45.

[197] Jones cbe, J. A. Tax Law: Rules or Principles? [J]. Fiscal Studies, 1996 (3): 64 – 88.

[198] Keating, M. Can You Keep a Secret? The Obligation of Secrecy and Right to Disclose Taxpayers' Information [J]. Australian Tax Review, 2009 (3): 135 – 160.

[199] Manzetti, L. Tax Evasion and the Rule of Law in Latin America: The Political Culture of Cheating and Compliance in Argentina and Chile by Marcelo Bergman [J]. Latin American Politics and Society, 2011 (1): 185 – 188.

[200] Mukhopadhyay, S. General Anti – Avoidance Rule in Income Tax Law [J]. Economic and Political Weekly, 2012 (22): 24 – 28.

[201] Ndreka & Asllani, D. Albania: Albanian Parliament Amends Law on Tax Procedures [J]. International Tax Review, 2017.

[202] Palma, R. C. An Overview of the Protection of Taxpayer Rights in Portugal [J]. European Taxation, 2010 (1): 3 – 12.

[203] Prebble, R. & Prebble, J. Does the Use of General Anti – Avoidance Rules to Combat Tax Avoidance Breach Principles of the Rule of Law? A Comparative Study [J]. St. Louis University Law Journal, 2010 (1): 21 – 45.

[204] Smith, R. T. Substance and Form: A Taxpayer's Right to Assert the Priority of Substance [J]. The Tax Lawyer, 1990 (1): 137 – 179.

[205] Stevenson, W. Taxpayer Bill of Rights 2: A Practitioner's Perspective [J]. The National Public Accountant, 1997 (6): 34.

[206] Serrano, F. The Taxpayer's Rights and the Role of the Tax Ombudsman: An Analysis from a Spanish and Comparative Law Perspective [J]. Intertax, International Tax Review, 2007 (5): 331 – 340.

[207] Serim, N. Taxpayers' Rights——The Turkish Model [J]. European Taxation, 2008 (4): 195 – 204.

[208] Tiley, J. Human Rights and Taxpayers [J]. The Cambridge Law Journal, 1998 (57): 235 – 273.

三、报纸及报告类

[1] 范建荣：《余杭用法治指数推进区域法治建设》，《余杭晨报》，2016年01月29日，第06版。

[2] 习近平：《以信息化培育新动能，用新动能推动新发展，以新发展创造新辉煌》，《人民日报》，2018年04月23日，第01版。

[3] Karyadi, F. & Santoso, N. C. Indonesia: Will the Amendments to the Income Tax Law Simplify the Rules?［N］. International Tax Review, 2017 - 06 - 19（1）.

[4] Negline, T. Law an ass tied up in Complex, Taxing Rules［N］. Australian, The, 2013 - 03 - 26（1）.

[5] Botero, J. C. & Ponce, A. Measuring the Rule of Law［R］. The World Justice Project - Working Papers Series, 2011: 20.

[6] See the World Justice Project［R］. WJP Rule of Law Index, 2014: 171.

后 记

本书是在我的博士论文基础上进一步完善形成。2004年，初入江西财经大学读本科，之后顺利在江财升硕士。在江财老师的循循善诱下及在江财浓厚的学术氛围、积极向上的校园环境熏陶下，我如同雨后竹笋，拼命地吸收着知识营养，逐渐成长为具有一定专业知识储备、对自身定位有清醒认知、对社会充满期待的热血青年。工作几年之后，虽觉得已拥有的专业知识足以胜任工作要求，但对社会上发生的专业领域之外的事件，特别是一些重大的经济、社会事件缺乏清晰认知，这让我感到迷惑。身为社会人，每一件事的发生，特别是重大事件的发生必然会波及其中的每一个人，这促使我重新回到校园，希望通过继续获取知识来使自己成为一个不受惑的人。

有幸能重回江财，有幸能成为席卫群教授的博士。十分感谢席老师的辛勤培养。席老师做学术十分严谨，在本书拟题及撰写过程中给予了我很多富有启发的指引，特别给予了我作为一个跨专业学习财政学的学生面对学习并建立计量经济学模型这一困难的勇气，使我逐渐成长为具备一定独立研究能力的学术人。

学院导师组的王乔教授、蒋金法教授、匡小平教授、姚林香教授、杨得前教授、万莹教授、伍红教授和肖建华教授对本书提出了许多宝贵建议，使本书能得以完善。李春根教授、熊小刚老师等在学院微信群里的点滴相授，也让我在知识储备上获益良多。硕士生导师龚汝富老师和曾耀辉老师、戴丽华老师及同窗们在我博士学习过程中，给予了很大的关心与鼓励。还有帮我填写问卷的专家、学者，他们或与我因研讨会只有一面之缘，或与我未曾相识，但都认真地帮我填写问卷并反馈给我，我对此心存感激。同时，非常感谢中南财经政法大学的庞凤喜教授、中央财经大学的白彦峰教授、财贸经济杂志社的张德勇老师对本书提出的宝贵意见。感谢、感恩那些对我提供无私帮助的人!

最后,要感谢我的爱人及家人的支持。对年仅五岁的女儿表示歉意,在本书成文的这段日子里,没有多少时间好好陪伴她。仅望在日后的人生之路上,尽己所能,多照顾家人。

胡 芳
2021 年 7 月 26 日